야무진 강소기업으로 가는 길

여행에서 만난
경영지혜

야무진 강소기업으로 가는 길

여행에서 만난 경영지혜

최기의 **지음**

차례

프롤로그

새 출발과 강점 경영   8

1. 긴 인연, 짧은 번민   8
2. 길에서 찾아낸 경영의 지혜   14
3. 자기 주도 강점 경영   26

1장

첫 대면과 응급 처방   41

1. 폐쇄적인 회사 분위기   43
2. 임원의 반목과 막힌 소통   44
3. 본사 이전과 사무 환경 개선   46
4. 경영 이념과 비전 수립 공유   49

2장

7년의 세월, 여물지 못한 조직   53

1. 열악한 신용정보 업황   56
2. 코로나 팬데믹과 신용정보업   59
3. 빨간불 켜진 수익 관리   63
4. 부실한 IT 인프라   67
5. 의심나면 쓰지 말고, 쓰면 믿고 맡겨라   69
6. 전략 부재가 안겨준 성장통   73

3장 **조직 바로 세우기** 79

1. 회계 부정과 바닥난 윤리 의식 82
2. 과거사 정리 85
3. 허물고 새로 짓기 88
4. 회사 정립을 위한 투자 90
5. 소통 워크숍 93

4장 **신규 사업의 실패와 성공** 99

1. 실패 사례 : 말레이시아 여행과 넥스트 자산관리 100
2. 신사업 성공 사례 105
   ① 신사업 성공 인자 105
   ② 집단 대출 계약서 작성 대행 업무 108
   ③ H 렌탈 채권 회수 업무 113
   ④ K Car 오토론 채권, L 카드, K 캐피탈 채권 등 114
   ⑤ N 카드 단기 연체 관리 업무 수임 116

5장 수익성 강화 노력 119

1. 수입 구조와 판매 관리비 분석 122
2. 신사업 발굴 127
3. 신규 거래처 늘리기 128
4. 잠자는 자금 깨우기 130

6장 영업 야성과 매출 신장 133

1. 내 안의 영업 야성 136
2. 부대 업무 발굴 139
3. 금융소비자보호법 시행과 반사 이익 141
4. 중장기 금융채권 지점 확대 142
5. 영업 우수사례 공유 144

7장 콩 심은 데 콩, 팥 심은 데 팥 149

1. 영속 기업 토대 마련 152
2. 치솟는 기업 신용평가 등급 154
3. 감동의 창사 10주년 기념식 158
4. FY2020, 좋은 기업의 원년 161
5. 진인사대천명 165

8장 **훌륭한 일터 만들기** 171

1. 공채 시도 174
2. 꿈과 현실, 아픈 청춘 177
3. 창사 첫 야유회 179
4. 5월은 가족 사랑의 달 181
5. 삼위일체 경영(고객, 직원, 주주) 182
6. 혼란을 딛고 이룬 조직 안정 186
7. 직원 배낭 연수 프로그램 운영 191
　① 송년회의 약속 191
　② 미래를 위한 장기 투자, 직원 육성 193
　③ 함께 만드는 여정, 동유럽 3국 194
　④ '사운드 오브 뮤직' 따라 오스트리아로 195
　⑤ 다뉴브강과 '글루미 선데이' 199
　⑥ 프라하의 봄 202

에필로그 **결실, 아름다운 마무리** 208

1. 회상, 직장 생활 208
2. 팬데믹, 그 이후 215

부록 **노력과 결실** 219

새 출발과 강점 경영

1. 긴 인연, 짧은 번민

유랑

퇴사 6개월 뒤 불거진 카드 3사 고객 정보 유출 사건은 내 삶의 방향을 완전히 바꿔 놓았다. 카드 부정 사용 방지 시스템을 업그레이드하는 과정에서 외주 개발자가 테스트 용도로 넘겨받은 카드사 고객 정보를 광고 대행업체에 팔아넘긴 사건이었다. 그 당시 나는 은행장 도전에 실패하고 정든 직장을 떠난 뒤였음에도 그 소용돌이에 휘말릴 수밖에 없었다.

모 대기업 CEO로 내정되어 새 출발을 앞두고 있었건만 모두 물거품이 되고 말았다. 감독 당국이 내린 '해임 권고'는 중징계 중에서도 가장 높은 단계로 5년간 금융사 근처에는 얼씬도 못하게 하는 중벌이었다. 여기에 CEO 재임 당시의 중장기 성과급 수령 자격까지 박탈당했으니, 퇴사 이후 2~3년간의 좌절과 원망은 가혹한 악몽이나 다름없었다.

평생 금융인으로 살아오면서 단 한 번의 징계는커녕 수많은 대내외 포상으로 자부심을 쌓아왔는데 퇴사 후 소급하여 징계를 받다니, 인생은 결승점에 다다르기 전까지는 그 승패를 진정 알 수 없는 것인가. 평생 몸담았던 직장을 떠나는 것만으로도 삶의 뿌리가 흔들리는 것 같았는데 동시다발로 닥치는 악재는 그야말로 나를 만신창이로 만들었다. 땅심 돋울 겨를도 없이 경작과 수확에만 매달려 있다가 문득 허리 펴고 둘러보니 빈 들판은 푸석푸석 메말라 있고 해거름에 덩그러니 나 혼자 서 있는 것이 아닌가.

치유의 시간이 필요했고 여행을 떠나기로 결심했다. 그렇게 배낭을 벗 삼아 세계 도처를 유랑하는 나를 아내는 우스갯소리로 '총각님'으로 부르곤 했다. 가정보다 직장을 우선시하며 살아온 남편에 대해 원망이 실린 표현이리라.

특히 퇴직 무렵의 나는 무너진 자긍심과 상실감을 메우고자 지난 여정을 채 정리하기도 전에 또다시 습관처럼 항공권을 사고 배낭끈을 조이곤 했다. 그렇게 혼자서, 때론 아내와 함께한 여정은 촉촉한 단비가 되어 지쳐있던 삶에 여유와 윤기를 찾아주었다. 땅심이 차올랐다.

번민

뉴델리로 향하는 비행기에 몸을 의지한 채 상념에 잠겼던 순간도 벌써 6년이나 흘렀다. 혼자서 찾아 나서는 파미르고원에 대한 경외감은 출발 직전에 만났던 모 중소기업 대주주와의 약속과 뒤엉켜 머릿속을 무겁게 했다.

과연 회사를 잘 키우고 주주 이익을 잘 실현할 수 있을까? 선뜻 받아들인 조건이 옳은 판단일까? 주주의 경영 관여 우려도 전문 경영인에게는 내려놓기 힘든 화두다. 경영에 대한 간섭은 일절 없이 전권을 줄 것이니 회사를 잘 키워달라는 요지였다. 그 말에 나는 시장의 냉정한 평가에 따라 유능한 경영자로 남고 싶다고 답했다. 그러려면 정도 경영은 기본이다. 이는 곧 주주의 부당한 경영 간섭을 정중히 사양하겠다는 의미가 들어있는 말이다.

승무원이 권한 맥주 몇 잔이 복잡한 생각들을 잠시 멈추게 했지만 오래가지 못했다. 취기가 사라지자 또 생각이 꼬리를 물었다. 망상으로 이어질까 봐 창밖으로 시선을 돌리고 긴 호흡으로 마음을 가다듬었다.

생소한 회사 이름은 물론이고 이전 직장과는 판이하게 다른 규모와 성격에 가족과 지인들도 의외라는 눈치였다. 금융그룹에서 큰 계열사를 이끌었던 중량급 경영자가 무명의 중소기업

여행에서 만난 경영지혜

경영을 맡기로 했다니 의아해할 만도 했다. 그러나 카드사 고객 정보 유출 사건으로 금융회사 취업 제한에 묶여있던 당시 상황에서는 불가피한 선택이었다. 또 중소기업의 경영 환경이 어렵고 처우도 낮지만, 유능한 경영자로 재평가받으면 사회에 기여하는 것은 물론 실추된 명예 회복의 기회가 될 수 있다는 자기합리화 내지는 오기가 발동했다.

사실 대기업에서의 경영 성과는 허상일 수도 있다. 시스템과 제도가 잘 갖추어진 기업 환경에서 우수한 참모진과 함께하는 경영은 CEO의 합리적 의사결정만으로도 잘 작동한다. 그러나 제도나 시스템이 미비하고 인적 자원마저 취약한 중소기업은 정공법은 물론 경우에 따라서는 변칙 플레이까지 필요할 때가 있다. 함께 가기에 부적절한 임직원을 퇴출하는 외과적 응급수술은 기본이다. 특히 체계가 덜 잡힌 중소기업일수록 제도 정비를 통해 시스템적 운영을 추구하고 불합리한 업무 관행을 제거하는 변혁적 리더십이 필요하다. 그리고 내가 맡게 될 기업 또한 그런 곳임을 취임 후 곧 알게 되었다.

여행자의 눈

뉴델리 공항을 나서자 인도 특유의 향을 머금은 후덥지근한 바람이 코끝을 할퀴고 지나갔다. 공항 근처 호텔에서 하룻밤을

묵고 다음 날 아침 일찍 국내선으로 황금빛 사원의 도시 암리차르로 갈 예정이었다. 오래전에 읽었던 류시화의 『하늘호수로 떠난 여행』은 인도에 대한 내 호기심에 불을 지핀 책이다.

저자는 내가 갈 이 길을 기차로 여행하며 만난 자이나교 노인과의 한담을 소개한다. 그 노인은 인간은 자연, 나아가 인간이 만든 모든 것들로부터 배워야 한다고 주장했다. 바람으로부터는 세상에 집착하지 않는 것을, 강으로부터는 더 큰 세계로 나아감을, 기차로부터는 모든 것이 스쳐 지나간다는 것을 배워야 한다고 했다.

저자가 신발로부터는 무엇을 배워야 하느냐고 묻자 그는 "어떤 어리석은 자가 쓸데없는 것을 발명하면 그것이 얼마 안 가서 전 세계에 퍼져버린다는 걸 배울 수 있지"라고 답했다. 이어서 배낭에서는 무엇을 배울 수 있느냐 묻자 그는 대뜸 "먹을 것이 들어 있으면 앞에 앉은 사람과 나눠 먹어야 한다는 것을 배울 수 있다"라고 했단다. 인도를 여행하다 보면 가끔 이런 인생의 구루를 만나게 되고, 철학과 궤변의 경계를 넘나드는 화술에 매료될 때가 있다.

인도와 인연을 맺은 사람은 한 번의 방문 끝에 두 번 다시 찾지 않거나 묘한 영적 이끌림으로 여러 번 반복해 찾는 부류로 나뉜다고 했다. 정말 그런 것 같다. 아내 또한 처음 바라나시의 갠

여행에서 만난 경영지혜

지스 강을 향할 때 뭔가 깨달음을 얻을 것 같은 마음에 흥분했고 행복한 표정이었다. 큰 개들이 인파로 발 디딜 틈조차 없는 길거리 한 가운데에서 네 다리 쭉 뻗은 채 자는 것을 보며 역시 인도는 개조차 영적인 자유를 누리는 곳이구나 생각했단다. 시간이 지나면서 허기진 개의 실상임을 알고 인도의 또 다른 면을 보게 되었다고 했다.

흙먼지 자욱한 거리에서 힘겹게 페달을 밟으며 가족을 건사하는 릭샤 왈라의 깊은 눈은 여행자의 영혼마저 빨아들일 듯이 애절하다. 곧이어 탁! 하고 뱉는 가래침 속의 붉은 선혈은 이미 깊어진 폐병으로 짓눌린 삶의 무게를 그대로 전해 온다. 이런 인도 특유의 분위기에 사로잡힌 나는 벌써 무굴과 힌두 문화의 핵심 지역을 두 번, 북인도 라다크, 남인도 등 총 네 번을 여행한 터였다.

코로나 팬데믹 직전, 첸나이에서 시작해 뭄바이에서 끝난 남인도 여정은 아내와 함께했다. 북인도의 델리와 바라나시에서는 소, 개, 돼지가 쓰레기통을 뒤지며 인간과 함께 공존하고 있었다.

반면 인도 서남부는 일찍이 유럽과의 무역으로 성장해 온 덕인지 서구적 면모로 완전히 다른 모습을 보여 주었다. 갈 때마다, 가는 곳마다 천의 얼굴로 다가오는 인도 여행은 어떤 사물이나 사건도 평면적이지 않으며 세상에 불변하는 것은 아무것도 없다는 사실을 깨닫게 해주었다.

이번 여정은 파미르고원으로 가는 길에 잠시 스쳐가는 다섯 번째 인도 방문이다.

2. 길에서 찾아낸 경영의 지혜

여행은 인도, 파키스탄, 중국 신장을 거쳐 타지키스탄 파미르고원으로 이어졌다. 배낭 메고 40여 일을 대중교통으로 이어가는 여정이어서 예측하지 못한 다양한 상황을 각오해야 했다.

여행길에서 만난 시행착오는 오로지 내가 감내할 몫이다. 당황하지 말고 자책하지도 말자. 마음을 편히 갖고 시간과 비용에 너그러울 수 있다면 그 어떤 난관도 능히 극복할 수 있을 것이다. 여행이 끝나면 처음 접하는 중소기업에서 새로운 각오로 일해야 한다. 여행 도중에 만나게 될 여러 어려움을 잘 헤쳐 나가야 여행이 완성되듯 새로 접할 기업의 경영 환경 또한 잘 통제할 수 있어야 경영자로서 보람을 느낄 수 있을 것이다.

마음을 다잡으며 내딛는 발걸음이 새로 맞이할 경영책임의 중압감으로 마냥 가볍지만은 않았다. 고객과 직원에 대한 책임감과 주주와의 약속, 그리고 무엇보다 지금까지 살아 온 삶의 경험과 지혜를 바탕으로 최선을 다하겠다는 나와의 약속을 지키겠노라며 한 걸음 한 걸음 도장을 찍듯 신중히 나아갔다.

여행에서 얻은 경영의 지혜

✓ 마음 경영: 겸손은 살리고 화는 다스리자(암리차르 황금 사원)
✓ 포용의 힘을 기르자(라호르와 무굴 제국의 역사)
✓ 경영 리스크 관리에 두 눈 부릅뜨자(파키스탄 대우 고속)
✓ 일과 삶의 균형을 실천하는 기업 문화(발티스탄 훈자 계곡)
✓ 개인의 자유와 유연성이 높은 기업 문화(신장 위구르, 카스)
✓ 편견 걷어차기: 오만과 편견은 경영자의 적(타지키스탄 파미르)

마음 경영 : 겸손과 화 다스리기

북인도의 암리차르는 시크교도의 영적 성지로 황금 사원이 유명하다. 황금 사원은 동서남북 4개 방향 모두에 출입구가 있는데 평등과 관용의 상징이자 종교, 인종, 카스트에 관계없이 모든 사람에게 열려있는 예배 공간이다. 따라서 세계 각지에서 찾아오는 여행객에게 무료 숙식을 제공하고 있다.

창시자 나나크는 지금의 파키스탄 라호르 지역 힌두교 가정에서 태어났고, 힌두교와 이슬람교의 좋은 점을 엮어 교리를 만들었다. 살면서 경계해야 할 다섯 가지 도둑으로 정욕, 화, 탐욕,

집착, 오만을 꼽는다.

전 직장의 사업본부 하나 규모도 안 되는 작은 회사를 맡게 되었으니 자칫 오만이 고개 들기 쉬웠다. 하심下心의 맨발로 황금사원을 돌면서 내 안의 오만을 경계하고 겸손하자고 주문을 걸었다.

전직 시절 정부 부처에서 경력자 한 분이 경영진으로 영입되어 1년을 함께 근무한 적이 있다. 당시 그는 부하 직원들의 보고서나 기획안에 관해 사사건건 공무원 조직과 비교 평가하거나 업무의 질을 폄하하고 문제 삼는 습관이 있었다. 진정한 리더의 역할에 대한 반면교사가 되어준 그는, 결국 퇴임 후 함께 근무했던 직원들과 연락이 끊긴 상태다.

나 또한 새로 맡을 회사에서 반면교사가 되지는 않으리라. 돌이켜보니 나 역시 고비마다 더러 화를 내곤 했다. 화를 다스리는 노력과 함께 감정적 비난이 아닌 건설적 비판으로 문제 해결에 다가가자 다짐했다. 조직은 무조건적 이해와 관용만으로는 움직이지 않는다. 겸손하게 처신하되 때로는 절제된 지적과 호령도 필요하다.

인도 암리차르와 파키스탄 라호르 사이에는 국경 검문소가 있다. 한때는 같은 나라였지만 종교적 분리로 견원지간이 되었다. 국기 하강식에서 양국 의장대가 경쟁적으로 펼치는 신경전은 매우 유명해서 이 지역 여행자라면 꼭 들르는 명소다.

조직에 소속된 개인은 경쟁을 통해 스트레스를 받고 화도 내지만 궁극적인 지향점은 발전이다. 어떤 조직이라도 경영자의 마음이 겸손해야 더 큰 발전을 이룰 수 있다.

포용의 힘: 무굴 제국의 역사를 관통하는 지혜

라호르는 무굴 제국의 영화를 고스란히 담고 있는 이슬람 역사 도시다. 악바르, 자한기르, 샤자한, 아우랑제브 대제로 이어지는 무굴 전성시대에 건축된 왕궁과 베드샤히 모스크 등 찬란한 유적이 많다.

이슬람 기반의 무굴 제국 3대 왕 악바르 대제는 국민의 절대다수를 구성하는 힌두교도를 포용하는 정책을 폈다. 비 무슬림에 부과하는 할증세인 지즈야를 부담하면 힌두교나 시크교를 용인했다.

증손자인 아우랑제브 대제는 힌두교나 시크교를 용인하지 않고 이슬람을 강요해 종교 갈등을 부추겼다. 많은 영토를 복속했으나 근본 무슬림에 집착하여 전국의 힌두 사원을 파괴하고 무슬림만이 고관직을 독점하는 등 절대다수인 힌두교인을 배척함으로써 마라타 동맹과 시크교도들의 반란을 촉발했다. 힘의 균형이 기운 틈에 영국과 프랑스의 간섭을 불러왔고 결국 무굴의 패망을 재촉하고 말았다.

유연함과 포용이 조직 관리에 더 강한 힘을 발휘했던 무굴의 역사는 나에게 큰 교훈으로 다가왔다. 경영 환경은 글로벌화하며 갈수록 복잡하고 혼합된 다양성을 맞이하고 있다.

글로벌 경영 컨설팅 회사인 휴잇 어소시엇츠Hewitt Associates의 다양성 최고 책임자를 지낸 안드레 타피아는 그의 책『포용의 시대가 온다』에서 인재의 다양성 문제는 관리를 넘어 포용의 차원에서 고려되어야 한다고 했다. 특히 국가, 인종, 언어, 종교, 젠더 문제에서 비롯한 개인의 경험에 따른 문화적 차이를 포용해야 하며, 이를 실패하면 이직이나 소외로 연결될 가능성을 경고하고 있다.

지난 경험에 비추어 볼 때 학력, 연령, 출신 지역 등에 따른 문화적 이질감이 종종 회사 분위기를 경직시키거나 협업을 어렵게 하기도 했다. 포용은 결국 상대의 다름을 인정하고 배려하는 행위다. 새로 맡을 회사도 지금까지 경험하지 못한 조직 문화를 가지고 있을 것이다. 획일화가 아니라 다양성의 시너지를 살리는 노력이 중요하다. 뛰어난 실적을 바탕으로 훌륭한 기업 문화를 정착시켜 취업 준비생들이 선망하는 중소기업으로 만들어보겠다는 각오를 다지며 길을 재촉했다.

리스크 관리: 파키스탄에서 만난 대우 고속버스

라호르에서 수도 이슬라마바드까지는 고속도로가 잘 뚫려있다. 대우건설에서 건설한 도로이고, 그 위를 달리는 고속버스 역시 과거 대우그룹의 로고가 새겨져 있었다. 고 김우중 회장의 자서전『세상은 넓고 할 일은 많다』속의 '세계 경영'을 파키스탄 고속버스에서 만날 줄은 몰랐다.

기업 성장기에 차입 경영은 성장의 속도를 높이지만 관리 누수나 대외 여건이 나빠지면 독이 되어 돌아온다. 대우그룹은 '자전거 경영'이라는 표현처럼 과다 차입 경영이 문제시되었고, 결국 IMF 외환위기가 일어나자 유동성 위기로 인해 해체되는 불운을 겪었다.

물론 당시 정부의 회사채 발행 한도 제한 조치와 수출 금융 제한, 그리고 국제결제은행이 요구하는 자기자본 비율 맞추기에 급급했던 국내 은행들의 대출금 회수 등으로 자금 압박이 가중된 측면도 있었다. 이 부분에서는 정부의 의도된 구조조정으로 보는 일부 시각도 있었지만 그룹 부채 관리에 문제가 있었던 것은 부인하기 어렵다.

세계 경영으로 쌓아온 대우그룹의 유·무형 자산은 대마불사의 믿음과 함께 허공으로 사라지고 말았다. 시장, 신용, 운영 위험 등 리스크를 경시한 무리한 성장 추구는 경영자가 가장 경계해야 한다.

2008년 글로벌 금융 위기를 촉발한 미국 모기지 채권의 부실은 리먼브라더스와 같은 대형 금융회사를 한순간에 쓰러뜨렸다. 위험은 실물 부분으로 전이되어 우리나라의 건설, 조선, 해운 산업도 혹독한 구조조정에 시달렸다. 유동성 관리에 실패한 다수의 부실기업들은 채권단 협의회의 조정 노력에도 불구하고 시장에서 자취를 감추는 비운을 맞았다.

앞에서도 밝혔지만, 카드사를 경영하면서 운영 리스크의 취약성에 노출될 줄은 꿈에도 몰랐다. 외주 회사 소속 전문 개발자의 카드 3사 고객 정보 절취 사건으로 최고경영자들까지 가혹한 문책이 이어졌다. 이로 인해 금융회사 취업의 기회마저 박탈된 암울한 시기였기에 파미르로 향하는 긴 여정은 나를 다독이는 한편 다양한 운영 리스크를 헤아려보는 과정이기도 했다.

일과 삶의 조화: 여가의 소중함을 체험한 훈자 계곡

파키스탄의 수도 이슬라마바드에서 동북쪽에 위치한 훈자 계곡을 찾아가는 길은 인내와 용기가 필요하다. 그만큼 길이 거칠고 멀기도 하거니와 사고의 위험이 크기 때문이다.

KKH로 불리는 카라코람 하이웨이는 파키스탄 아보타바드에서 훈자를 거쳐 중국 신장자치구의 카스까지 장장 1,200km에 걸쳐 이어진다. 한때 서방의 많은 젊은이가 찾아서 배낭여행자의 블랙홀로 알려졌던 훈자는 911테러 이후 발길이 뚝 끊겼다.

봄이면 살구, 복숭아, 사과꽃이 지천으로 만발하고, 가을이면 노랗게 익은 살구열매들 사이사이로 볼 붉힌 조막만 한 사과들이 수줍은 듯 얼굴을 내민다. 눈을 들어보면 사시사철 눈부신 만년설이 훈자 사람들의 청정심인 듯 빛나고, 여전히 그들은 세상 제일의 친절과 호의로 이방인을 맞이하고 있다.

훈자의 살구는 예쁜 꽃으로 관광객을 불러 모으고 과육과 기름으로 건강을 책임지는 소중한 열매다. 덕분에 건강과 장수의 마을로 잘 알려진 곳이다. 마을을 휘감아 도는 훈자 워터와 수로를 따라서 걷는 길은 천상의 트레킹 코스다. 이 계곡에 들어서면 아무것도 하지 않을 자유는 무한히 허용되나 무엇이든지 할 수 있는 자유는 제한된다. 그러니 번잡한 생각과 무거운 마음의 짐을 내려놓기에 안성맞춤인 곳이라고 해야겠다.

현실 세계와 이상향의 경계선 어디쯤, 시간조차 느리게 흐르는 듯한 그곳은 일과 삶에 번아웃된 사람이면 한 번쯤 찾아볼 만한 곳이다. 이글 네스트와 오솔길 걷기, 라카포시 트레킹과 파수 마을, 호퍼 빙하 등 주변 나들이로 일주일을 느리게 살았다. 바쁘고 정신없이 살아온 나에게 훈자 마을에서 보낸 느린 시간은 그 자체로 큰 보상이었다. 거친 자연에서도 언제나 웃음이 떠나지 않는 그네들의 얼굴을 보며 문명 속에서 표정을 잃어가는 우리 얼굴이 오버랩 되었다.

하지만 이제 훈자에도 신작로를 따라 밀려드는 이방인의 발길로 문명화가 가속되는 중이다. 자동차 통행이 늘어날수록 훈자 주변의 빙하들은 더 빨리 녹아내릴 것이고, 사람들의 미소 또한 점차 사라지게 되는 것은 아닐까?

충분한 여가는 삶의 깊이를 더하는 시간이 되어 일의 완성도를 높인다. 지금은 직장 분위기가 많이 변했지만 과거 세대는 규정에 있는 휴가조차 상사의 눈치를 살펴야 했다. 그럼에도 나는 일과 병행해 여행이나 등산 등 아웃도어 라이프를 즐기면서 소신껏 휴가를 쓰는 직장 생활을 해왔다.

부하 직원들에게도 수시로 휴가를 권장했고, K 카드사 설립 시에도 임직원들의 인사복지 규정을 유연하게 만들었다. 제도 정착을 위한 후임자들의 노력으로 K 카드사는 일과 삶의 균형에서 대한민국 1등 회사이자 가장 일하고 싶은 회사로 잘 알려져 있다. 직원들이 마음 편하게 휴가를 쓰고 그들이 여가를 충분하게 즐기는 문화를 만들어 가는 것 또한 CEO의 책무다.

개인의 자유와 유연성이 높은 기업 문화 : 중국 신장 위구르

중국의 신장 자치구에 있는 카스는 지금도 위구르족의 전통이 잘 보존된 도시다. 청 건륭제의 후처였던 향비의 묘와 카스 고성 등 볼거리가 많다. "카스에 가지 않고는 신장에 왔다고 말하지 말라"라는 말이 있다. 그만큼 위구르족의 문화와 정신이 살아있다는 뜻일 것이다.

지리적으로는 중국의 서남단에 위치하여 파키스탄, 타지키스탄, 키르기스스탄과 인접하며, 좁고 긴 와칸 회랑을 통해 아프가니스탄과 국경을 접하고 있다. 파키스탄과의 국경 관문인 쿤자랍 패스를 넘어 타스쿠얼칸을 지나고 카스에 도착하니 시민들의 자유가 극도로 통제되는 모습들이 보였다. 우리나라의 과거 유신헌법 시절을 연상케 했다. 위구르족의 민족 공동체 의식을 말살시키고 분리 독립의 욕구를 잠재우고자 하는 중국 정부의 의지가 도시 전체를 뒤덮고 있었다.

도착 이튿날, 인민광장에서는 공안이 주도한 대규모 행사가 벌어져 호텔에서 반나절을 출입 금지 상태로 있었다. 신장 지구에 한족의 인위적 유입을 장려해 이른바 '민족 물타기' 정책을 펼치고, 약 200만 명의 반체제 위구르인을 격리 수용하고 있다는 서방 언론들의 보도가 있었다. 소수민족의 분리 독립을 우려하는 중국의 속내를 읽을 수 있는 대목이다.

개인의 자유가 말살되는 전체주의 사회에서는 개인의 창의성을 기대하기 어렵다. 힘에 굴복하고 권력과 내통하는 위구르인도 있을 것이다. 그들 간 반목과 질시가 횡행할 것이고 당국은 이를 노리고 있을 것이다. 생각의 자유마저도 박탈된 도시에는 숨 막히는 상호 감시 체제가 작동할 뿐이었다.

호텔에서 만난 한 위구르인은 중국 정부의 통제 강화로 카스시가 활력과 능동의 도시에서 경계와 수동의 도시로 변해가고 있다고 했다. 경직되고 관료적인 사무 환경보다 자유분방한 사무 환경에서 직원들의 창의력은 활력을 찾는다. 만약 형식과 격식에 얽매여 사고의 유연성이 떨어지는 문화라면 그것부터 바꾸는 노력을 해야 한다.

편견 걷어차기: 편견과 오만은 경영자의 적

세계의 지붕 파미르고원에 호기심을 가진 사람들은 타지키스탄 수도 듀산베로 모여든다. 중국과 타지키스탄에 걸친 대산맥군에서 우뚝 솟은 고원지대를 형성하고 있다. 해발 5천 미터를 넘나드는 파미르고원 각지마다 삶도 이어지고 있었다. 한 뼘 땅에 의지하여 모든 거추장스러움을 거부한 채 극도로 단순한 삶을 살아가는 타지크인을 만날 수 있는 곳이다.

미국에서 온 젊은이 셋과 함께 일주일 동안 고원을 돌았다. 30대 초반의 동갑내기 미국인 청년 둘은 친구 사이였는데, 둘 다 BMX 자전거 선수였다. 또 한 명의 미국인 여성 알렉시는 혼자

이스탄불에서 시작해 실크로드를 따라 파미르까지 동진 중이었다.

첫날 알렉시의 제안으로 'Pamir Cats'라는 팀명까지 정한 우리는 낮에는 대절한 지프를 타고서 자연마을과 유적지 등을 돌며 멋진 자연에 취했고, 밤에는 파미르 시골 마을 민박집에서 별과 은하수를 이불 삼아 잠을 청했다. 오후 5시경 칼라이쿰 징그로 마을에 도착해 여장을 풀었다. 판즈 강 하나를 사이에 두고 아프가니스탄 마을과 이웃한 곳에서 잠을 잔다니 묘한 기분이 들었다. '아프칸'이라고 하면 탈레반부터 연상되니 왠지 긴장과 공포가 느껴졌다.

마당 위 평상에서 저녁을 먹고 숙소로 갔는데 어라, 방이 두 개뿐이었다. 남자 세 명과 여자 한 명… 잠시 엉거주춤하는 사이 주인장은 알아서 자라는 시늉을 하고 깜깜한 어둠 속으로 사라졌다.

정적을 깨고 알렉시가 교통정리에 나섰다. 미국인 남성 둘이 한 방을 쓰고 자기는 한국서 온 나와 같은 방을 쓰겠다고 했다. 하루 종일 먼지 날리는 길을 함께한 인연으로 알렉시와 룸메이트가 되었다. 굳이 밝힐 필요도 없지만, 결코 같은 이불을 쓰진 않았다.

첫날 출발에 앞서 지프의 편한 자리를 먼저 차지하는 그들을 보며 속으로 버릇없는 녀석들이라고 생각했는데, 2~3시간마다 자리를 번갈아 앉는 것을 보고 나의 유교적 문화 편견을 반성했다.

타지키스탄 화폐에는 이슬람의 유명 철학자이자 의사였던 이븐 시나의 초상화가 실려 있다. 그는 『의학전범』을 저술했는데, 약 600년간 서양에서 의과 대학의 교과서로 인용되었다. 그의 형이상학과 의학에 대한 식견은 토마스 아퀴나스의 스콜라 철학에 많은 영향을 끼쳤다. 파미르를 여행하기 전에는 중앙아시아 이슬람의 의학이 유럽 제국의 의학의 기본이 되었다는 사실은 꿈에도 몰랐다.

여행은 편견을 제거하는 유효한 수단이다. 조직 관리의 최고 책임자는 무지와 무비판적 편견으로부터 자유로울 때 조직을 올바르게 끌어갈 수 있다.

3. 자기 주도 강점 경영

경험이나 준비 없이 회사 경영을 맡는 것은 등대 없는 밤바다를 운항하는 선장처럼 회사를 위험에 빠뜨릴 수 있다. 훌륭한 경영자는 좋은 리더의 자질을 구비해야 한다. 진정한 리더는 이해관계가 아니라 신뢰와 존경으로 믿고 따르는 추종자를 거느린 사람이다. 리더십의 유형은 다양하며 먼저 자신의 스타일을 잘 알고 후천적 학습과 훈련을 통해 상황별로 유연한 리더십을 발휘할 수 있어야 유능한 리더다.

바람직한 리더는 용장과 지장을 초월해 덕장으로 갈 수 있어야 한다. 즉 최고 경영자는 종업원의 마음을 얻어야 좋은 회사를 만들 수 있으며 저마다의 강점을 활용하는 경영이 필요하다. 피터 드러커 교수도 『자기경영노트』에서 강점 경영의 중요성을 강조했다. CEO가 종업원의 강점과 기회를 체계적으로 짝지어 줄 때, 조직의 목표를 효율적으로 달성할 수 있다고 했다.

지금부터 소개할 이야기는 곪아있는 회사의 경영 상태를 불과 3~4년 만에 완전 정상으로 돌려놓은 과정이다. 그 배경에는 나만의 강점 경영이 주효했다고 믿는다. 독자 여러분도 각자 나만의 강점을 나열해 보기 바란다. 그리고 각자의 강점을 어떻게 경영에 접목할 것인지를 고민해 보면 기업이 처한 어려운 현실을 타개할 수 있는 혜안을 가질 수 있다.

나만의 강점 찾기

✓ 직원의 마음을 얻어야 조직이 움직인다
✓ 경영 이념을 명확하게 공유하라(고객, 직원, 주주 : 삼위일체)
✓ 학습 조직화로 경영 지식과 경험을 공유하라
✓ 창의적 아이디어를 주도적으로 구현하라
✓ 인생의 중요 덕목, 의리는 잊지 말자
✓ 열린 소통 조직을 만들어라(조직 소통=인체 혈류)
✓ 디지털 시대에도 휴머니티는 잃지 말자

직원의 마음을 얻어야 조직이 움직인다

아무리 유능한 경영자라도 직원들의 마음을 얻지 못하면 실패는 예정된 수순이다. 마음을 얻는 일이 쉬워 보이지만 결코 간단치 않다. 마치 꽃을 가꿀 때 햇볕과 적당한 수분이 필요하듯이 CEO는 임직원 각자가 보유한 역량을 최대한 발휘할 수 있도록 근무 여건을 잘 조성해주어야 한다. 직원들이 만족할 수준의 보수와 복지제도를 설계하고 구현함은 기본적으로 중요하다.

관리자가 직원들의 의견을 존중하고 경청하며 인격적으로 대해야 함에도 부하직원들의 불만을 사는 경우가 있다면 방치하지 말고 개선책을 강구해야 한다. 리더는 사안의 핵심을 빨리 간파하여 신속한 의사결정을 내리고 업무의 목표나 방향성을 명확하게 하며 지시의 내용은 간결하고 알기 쉽게 해야 한다.

CEO는 리더들이 좋은 리더십을 확보해 가도록 지원하되 회사에 대한 충성도가 약한 사람은 조기에 하차시키는 과단성도 필요하다. 윤리적 결함이 있거나 개인의 사적 이익을 우선시한다면 조직 충성도가 낮은 사람이다. 전사적인 마인드 부족으로 협업에 부정적이거나 CEO의 변혁적 리더십을 수용할 변화관리가 부족하다면 역시 함께 가기가 어렵다.

직원의 마음을 얻고 잃음은 어떻게 알 수 있을까? 대기업이 사용하는 직원 사기 조사 등을 거치지 않더라도 회사의 분위기와 직원들의 표정 변화만으로도 얼마든지 읽어낼 수 있다. 합리적 리더십으로 작동하는 조직은 출퇴근 시 인사 등 직장 예절이 좋아지고 부서 간의 반목과 소통 단절이 사라진다. 근무 환경개선과 변화관리에 탁월한 경영진의 수혈로 수동적인 업무 분위기가 능동적인 분위기로 변화된다.

경영 지표가 좋아지면 경영진에 대한 직원들의 신뢰가 높아지고, 보상이 강화되면 이직률이 낮아진다. 이러한 일련의 변화들은 최고 경영자가 직원들의 마음을 얻어가는 징표들이다.

명확히 공유해야 할 경영 이념: 삼위 일체(고객, 직원, 주주) 경영

4년 전 취임식 때 주주와 임직원 앞에서 고객 가치, 직원 가치, 주주 가치를 균형감 있게 존중하고, 책임지고, 또 성장시켜 가겠노라고 역설했다. 대기업 임원과 CEO 시절부터 나의 일관된 경영 이념이자 철학이기도 하다.

노동 가치와 자본 가치의 극한 대립 속에 회사 경영이 멍드는 경우가 허다하다. 노조와 경영자의 극한 대립에 고객 가치가 훼손되는 경우도 많다. 고객 없이 회사가 존재할 수 없기에 노사의 대립 후유증이 고객에까지 전이된다면 그 회사는 이미 망한 기업이나 다름없다.

고객 가치를 위해서는 적법한 범위 안에서 채권을 회수하는 관행의 정착과 채무자의 정보 보호는 물론 채무자 민원 발생률을 최소화로 만들어 고객 가치 제고 노력을 꾀했다.

주주 가치는 회사의 성장성과 수익성을 꾸준하게 높여 주당 이익이 크게 상승함으로써 실현되는 중이다.

직원 가치는 우리 회사의 생산성을 반영해서 동종 업계의 보수와 복지 수준을 조사해 적정 보수 테이블을 마련했다. 동종 업계 하위 그룹에 속했던 임금 구조가 지금은 중상위권으로 안착했으니 직원들의 수용성이 높아졌다.

자본 가치에 경도되면 경영자는 단기에 주주로부터 호평을 받겠지만 노조와 종업원의 반발에 직면하게 된다. 종업원들의 근로 의욕 저하는 생산성을 떨어뜨려 시차를 두고 주주 가치를 훼손하게 된다. 따라서 훌륭한 중소기업 전문 경영자는 노동 가치와 자본 가치의 균형을 통해 생산성을 높이고 커진 파이를 잘 나눌 수 있도록 근로자 대표와 주주를 설득할 수 있어야 한다.

조직의 성공을 위하여 필요한 생각과 행동의 준칙이 될 경영이념의 공유와 각자의 사명에 대한 명확한 인식은 필수다. 경영이념과 목표 그리고 사명에 대한 인식과 공유는 좋은 회사를 만드는 토대인 동시에 출발점이다.

지식과 경험을 공유하는 학습 조직화

기업을 들여다보면 전략, 재무 회계, 인사 조직, 홍보, 영업, 마케팅, 총무, 영업 지원 등 여러 분야가 얽혀 유기적으로 기능하는 조직체임을 알 수 있다. 따라서 가족 단위 소기업에서 출발한 중소기업은 경영자가 경영의 여러 기능에 대한 이해가 부족하기 쉽다. 설사 가족 단위가 아니더라도 설립 초기에 경영 전반에 대한 경험이 부재하거나 경영 이론을 접하지 못했던 사람이 CEO가 된다면 출발이 매끄럽지 못할 수 있다.

대기업 근무 경력자는 중소기업 경영을 쉬운 일로 착각하기 쉽다. 그러나 특정 사업본부의 전문성만으로는 경영 전반에 대한 이해가 부족할 수 있다. 오히려 기업 규모가 작아도 여러 사업본부에서 다양한 경험을 거친 임원이나 CEO 출신을 보임하면 실패할 확률을 낮출 수 있다. 이때 레퍼런스 체크로 그 사람의 역량이나 인성 등을 사전에 충분하게 탐문해야 할 필요가 있다. 경영에 대한 무한 책임의 출발은 좋은 임직원의 충원 없이 불가능하다.

은행 재직 시절에 회사의 지원으로 헬싱키 대학의 MBA 과정을 이수했던 경험은 훗날 매우 유용한 인생 자산이 되었다. 외국 유명 교수들의 수업에서 많은 경영 이론을 배울 수 있었고, 지점장 이후 본사 부장과 임원 재직 시절 헬싱키 MBA 과정에서 배웠던 경영 이론들을 업무에 활용할 수 있었다.

5년간의 은행 임원 시절 동안 영업, 인사, 전략, 여신, 홍보 등 다양한 업무를 경험한 덕분에 지금의 중소기업 경영에 다양한 선험적 지식을 체득할 수 있었다. 나아가 카드사 CEO 경험은 기업 경영 전반에 대한 풍부한 식견으로 작용하고 있다.

다수의 중소기업은 재무 상황이 취약해서 교육훈련비 예산이 여유롭지 못하다. 다행스럽게 최근에는 온라인 MBA 강좌 등 저비용·고품질의 강좌를 쉽게 접할 수 있다.

우리 회사는 직급별 리더십 교육이나 직무 심화 과정도 개발하고 또 실무 경험을 토대로 팀별 직무 코칭 시간을 갖는 등 회사 전체가 학습 조직으로 거듭나고 있다. 리더십은 사람 좋다는 평보다 차별화된 전문성과 업무 처리 역량에서 더 강화되는 것임을 명심해야 할 것이다.

주도적으로 구현하는 창의적 아이디어

임원을 꿈꾸는 사원이 많은 회사는 좋은 회사다. 투명한 인사로 직원들이 노력하면 임원까지 승진 가능하다는 믿음을 갖기 때문이다. 사원, 팀장, 부장을 거치면서 적당하게 안주해 왔다면 어떤 조직에서나 임원이 되기 어렵다. 물론 반드시 임원이 되겠다는 일념으로 사원 시절부터 죽자 사자 일하는 사람은 드물 것이다.

천성이 근면 성실하고 또 아이디어가 많고 실행력도 좋은 사람이 좋은 상사를 멘토로 삼으면 각 직급에서 뛰어난 성취를 이룰 수 있다. 모든 경주에서 출발이 중요하듯 인생의 대부분을 보내는 직장에서도 임원을 목표로 한다면 낮은 직급에서부터 두각을 드러내면서 남들로부터 좋은 세평을 차곡차곡 쌓아가야 한다.

나는 대학 졸업 후 국책 은행이었던 한국주택은행에 입행했고, 첫 근무지는 연고지 소재의 부산 지점이었다. 주택은행은 소매 금융 특화 은행으로 창구 친절도는 지점 성과 평가의 주요 항목이었다. 당시 전국 지역별 지점 창구 롤플레잉 경연 대회에 자진 참가하여 햇병아리 행원의 이름을 부산 및 경남 지역 전 지점에 알리는 기회로 삼았다.

초임 대리 시절 3개월의 미국 씨티은행 본사 위탁 연수를 마친 뒤 곧장 부산·경남 지역 본부에서 인사, 총무, 홍보 업무를 했다. 아파트 청약 관련 예금과 청약 제도 전반 그리고 장기주택자금 대출 제도에 관한 창구 문의가 폭주하던 시절이었다. 따라서 고객 대기 시간이 늘어나 고객 불만의 주된 요인이 되었고, 비슷한 질문에 앵무새처럼 답해야 하는 창구 직원의 고충도 이만저만이 아니었다. 잦은 제도 변경에 따른 안내 오류로 민원도 빈발했다. 개선해야 할 심각한 과제였지만 뚜렷한 대안을 찾지 못하고 있었다.

이때 생각해 낸 아이디어가 방송을 통해 동시다발적으로 청약과 대출 제도를 안내하고, 질의응답으로 궁금증을 해소하자는 것이었다. 고객과 창구직원의 고충을 동시에 해결 가능할 것 같았다.

방송 출연 목적과 효과 등 제안서를 작성하여 한국방송공사 부산총국의 〈라디오에 물어보세요〉라는 프로그램 제작자를 찾았다. 처음 방문에서 담당 PD가 특정 은행의 상품 홍보로 인식해 취급이 불가하다고 했다. 다시 찾아가 청약 저축과 기금 대출은 건교부의 국민주택기금 자산이며 국가 업무인데 주택은행에서 취급 대행 중임을 잘 설명하여 방송 편성에 넣어보자는 긍정적 답변을 얻었다.

첫 방송이 나가자 문의 전화가 쇄도했고, 청취율이 예상을 뛰어넘자 월 2회 편성에서 월 3~4회로 편성을 늘렸다. 1회 70분 생방송으로 진행자와 질의응답을 진행하다가 청취자의 문의 전화가 걸려 오면 즉답하는 방식이었다. 문의 전화가 계속 이어져 진행자를 위한 별도의 원고 준비는 첫 방송 이후 불필요했다.

지역 본부장이 이것을 은행장에게 보고했고, 방송 녹음본을 본사 임원 회의에서 청취할 정도로 큰 반향을 불러왔다. 라디오 방송 청취율이 계속 예상을 넘어서니 KBS와 MBC 부산 작가들의 요청으로 수시로 방송국을 드나들었다. 또 부산 지역의 주요 일간지인 국제신문에서도 매월 2회씩 2년간 Q&A 형태로 주택 청약 및 대출 제도를 소개하는 고정란을 할애해 주었다.

당시 출연료와 신문 고료로 동료들과 맥주 파티도 자주 했고, 언론사 담당자들과도 자주 어울렸다. 이와 같은 인연과 노력으로 대리, 과장 승진도 동기들 중에서도 빨랐고, 본사에서 근무할 기회도 얻었으니 일하는 보람을 느낀 시절이었다.

종합기획부 경영개선실 근무 시에는 업무 개선에 주력했다. 본부 각 부서에서 시행한 여러 사업 중 그 효과가 미미한 사업을 골라 일몰 폐기하는 '쓸모없는 일 제안'제도를 도입했다. 본부 관리 비용과 영업점의 헛수고를 대폭 경감해 좋은 반응을 얻었다.

이어서 영통 지점장으로 발령받아 상가 이면도로변 2층에 소재했던 지점을 영통대로변의 홈플러스 1층으로 이전해 지점 발전의 큰 기회를 만들기도 했다. 한편으로 직원들이 역량을 잘 발휘하도록 사무 환경을 개선하고 직원들 간에 소통이 잘 되도록 노력했다. 그리고 보상을 강화함으로써 5연속 업적 평가 우수 지점이 되었고, 직장 내 모든 구성원이 선망하는 '국은인 상'을 수상했다. 전국 1,200여 본부 부서 및 지점 중 처음으로 봄·가을 야유회를 중국 북경과 상하이로 다녀왔으니 자부심은 대단했고, 그때의 OB 모임이 여전히 건재하고 있다. 이후 본사로 이동하여 복권사업부장, 인사부장을 거쳐 임원으로 승진하는 영광을 누렸다.

아이디어를 구현하는 과정에는 여러 장애가 도사리고 있기 마련이다. 설득하고 타협하는 노력을 통하여 하나씩 이루어가는 성취는 직장 생활의 가장 큰 보람이다. 게다가 참신한 아이디어가 회사 발전에 영향을 미치고 다른 사람이 이를 인정하면 그 보람은 더할 나위 없다.

사람은 의리를, 의리는 사람을 지킨다

개인영업 본부장 시절이었다. 주말 휴식 중에 금융지주 고위 임원으로부터 전화가 걸려 왔다. 금융지주사 인사 담당 부사장으로 월요일 발령 예정이니 함구하고 있으라는 귀띔이었다. 그 당시 지주사와 은행 간의 관계가 다소 원만치 못했기에 벌어진 일이기도 했다.

월요일 출근 시까지 시간이 꽤 느리게 흘러갔다. 당시 G 행장은 나를 신임해 인사부장을 거쳐 본부 개인영업 본부장이라는 중책을 맡기고 있었다. 한 단계 승진한다는 당근에 눈이 멀어 은혜를 준 상사에게 보고도 없이 상사가 꺼리는 지주사로 간다는 것은 받아들이기가 힘들었다.

고민을 거듭하다가 상대방의 입장이라면 어떨지 감정 이입을 해 생각했다. 만약 내가 지주사 인사권자라면 좋은 기회를 주어도 못 받는 소심한 사람 정도로 치부하고 말 일이다. 하지만 은행장이라면 여태껏 믿고 주요 보직을 맡겼는데 사전에 보고 없이 더 큰 자리로 찾아갔다면 의리 문제를 넘어 배신감마저 들 것 같았다.

이런 과정을 통해 처신해야 할 방향을 잡았다. 월요일 출근하자 곧바로 은행장실로 갔다. 주말의 인사 관련 사안을 간략히 보고하고 나니 속이 후련했다. 나의 의중을 묻기에 '전적으로 행장님의 뜻에 따르겠다'는 답을 드렸다. 그로부터 이틀 뒤에 나는 은행 여신 그룹 담당 부행장으로 발령 났다. 전임 여신 그룹 부행장이 지주사 인사 담당 부사장으로 영전했고, 내가 그 빈자리를 메워 은행에 남은 것이다.

얼마 후에 그룹을 떠난 H 회장을 대신해 은행장께서 얼마간 회장직을 겸하는 시기가 있었다. 만약 당시 내가 가볍게 처신했다면 은행장의 곱지 않은 시선을 피하기 힘들었을 것이다. 1년간의 여신 그룹 부행장을 거쳐 부행장 중 유일하게 등기 이사이자 이사회 멤버인 전략 담당 선임 부행장으로 자리를 옮겼다.

사람이 의리를 지키면 의리는 사람을 지킨다. 살면서 의리를 소중히 함은 곧 불변의 지혜다.

열린 소통 조직

카드사의 CEO 시절 나는 무엇보다 열린 소통에 큰 관심을 가졌다. 임원 경영 협의회에 본사의 전 부서장을 참석시켜 조직 내의 커뮤니케이션 왜곡을 방지하고자 했다. 또 전 직원들이 경영 협의회 과정을 생생하게 시청할 수 있게 실시간 중계했다. 이로써 직원 모두가 회사 경영 상태를 여과 없이 볼 수 있었다.

이 제도를 운영한 취지는 여러 단계의 정보 전달 과정에서 일어날 수 있는 오해와 왜곡 및 지연과 같은 소통 비용을 줄이기 위해서였다. 또 전 직원이 지켜보는 가운데 간부들이 의견을 주고받으면 간부들 스스로 학습을 강화할 것이라는 기대도 있었다. 나아가 직원들도 협업이 필요한 상대 부서와의 견해 차이를 이해하고 협업 노력을 강화할 수 있을 것이라는 판단이 들었다.

월 1회씩 개최하던 〈커뮤니케이션 인 챌린저〉도 직원들 사이에 격의 없는 소통 공간을 제공했다. 지리산 정상과 해파랑길 트레킹 등 다양한 장소에서 다양한 형태로 진행되는 이 활동에 직원들의 호응도 뜨거웠다.

회사 분사 이후 CEO가 여러 번 바뀌었어도 이 두 제도가 지금까지 잘 이어지고 있다니 자랑스럽다. 대부분의 회사가 소셜 미디어를 통한 임직원과의 소통에도 적극적이지만 직원들의 공감을 이끌어 내지 못하는 보여 주기식의 소통 제도는 자칫 겉돌기 쉽다.

디지털 시대일수록 중요한 휴머니티

디지털 시대를 맞아 연결의 힘은 무한 진화중이다. 플랫폼 기업의 대명사가 된 아마존은 물건을 팔아서 돈을 버는 것이 아니라 고객의 구매 의사 결정을 도와서 돈을 벌고 있다. 공급자와 소비자를 효율적으로 연결하여 유통의 효율화를 넘어 최적화를 도모하고 있다.

디지털은 시공의 제약을 한순간에 무너뜨려 플랫폼 사업이 전통적 산업 생태계를 장악하는 초연결의 시대를 앞당기고 있다. 뿐만 아니라 주류 언론을 대체할 유튜브나 트위터 같은 1인

미디어가 점차 대중의 연결과 소통을 강화할 것이다. 규제의 사각지대에 놓인 1인 미디어는 기성 언론이 가진 분석 능력이나 사실 검증에 취약할 수 있지만, 대중의 반응과 결집에 보다 강할 수 있다.

AI 중심의 4차 산업은 사무직이나 단순 기능직 일자리를 급속하게 줄여가고 있다. 노동의 효율이나 설 자리는 줄어들고 자본의 효율이나 필요성은 갈수록 커지는 구조다. 일자리의 왜곡으로 소득의 배분에서 소외되는 계층은 늘어날 수밖에 없다.

산업 구조 변혁으로 일자리 창출은 어느 정부에서도 난제가 되었다. 앞으로 정부 주도의 인위적 일자리 만들기에 집착할 것이 아니라 AI 로봇이 만들어내는 높은 잉여 가치에 보다 주목해야할 때가 올 것이다. 세제나 복지를 통해 정부가 잉여 가치를 어떻게 배분할 것인가 고민해야 한다.

4차 산업 시대의 기업은 디지털 트랜스포메이션이 한창이다. 하지만 아직 영위하는 사업 속성에 따라 이에 동떨어진 회사도 많다. 직원의 마음을 얻어야 회사가 움직이듯이 고객의 마음을 얻지 못한다면 회사의 존재 이유는 사라진다. 인공지능이 지배하는 세상이 와도 사람의 감정을 잘 이해하고 접목할 수 있는 AI가 인간과의 공존에 앞서갈 것이다.

1장

첫 대면과 응급 처방

백투 베이직, 회사 리셋하기

궁금했다. 도대체 어떤 회사일까? 일곱 돌 지난 회사의 얼굴을 재무제표로 슬쩍 훑어보니 미인은 아니었다. 창사 이후 줄곧 수익을 내지 못하다가 2016년 갑자기 당기순이익이 두드러졌다. 이상했다. 미지급금, 미충당금 등을 감춘 모양내기 결과임을 알 수 있었다.

회사가 수익을 내기 시작했다는 주주의 인식은 재무제표 이면에 숨겨진 진실을 보지 못했기 때문이다. 주주가 믿고 맡긴 대리 경영자가 경영에 문제를 발생시키면 대리인 비용은 전부 주주의 부담으로 귀속된다.

성장에 앞서 기본부터 먼저 다져야 할 회사였다. 도대체 어디서부터 시작해야 할지 막막했다. 출근하고 몇 주가 지나자 조직이 안고 있는 여러 문제점이 하나씩 눈에 들어왔다. 급한 불부터 끄자는 생각으로 접근했다. 직원들이 일하고 싶은 공간부터 마련하고, 막힌 소통부터 뚫는 노력을 기울였다. 그리고 경영 이념과 비전을 공유하면서 우리가 나갈 방향을 한곳으로 모아가기 시작했다.

✓ **사무환경 개선**
　공간 재배치의 물리적 한계, 본사 사무실 이전 결정

✓ **임원의 반목과 막힌 소통**
　CEO부터 사무실 출입문 제거
　직원 소통의 장(야유회, 지점장 회의 등) 신설 운영
　사기 진작과 닫힌 마음 열기, 조직 부적응자 조기 하차

✓ **경영 이념과 비전의 공유**
　회사의 경영 이념 설정 및 공유
　회사의 로고 제정(CI 개념 도입)
　반복된 강조와 공유로 내재화

1. 폐쇄적인 회사 분위기

회사에 첫 출근 하는 날이다. 설렘보다는 담담한 기분이었다. 그러려니 생각했던 사무실의 첫 모습은 예상보다 더 실망스러웠다. 강남구 논현동에 위치한 꼬마 빌딩 4층 54평이 본사 전체였는데 가뜩이나 좁은 통로는 옛 직장 후배들과 지인들이 보내 준 100여 개의 축하 화분들로 가득 메워져 있었다. 선거 전문 컨설팅 회사가 사용했던 건물을 임차해서 인테리어 공사도 하지 않고 그대로 사용 중이었다. 작은 방이 6개(대표, 감사, 전무, 상무, 주주사의 비상근 회장, 소회의실)있었고, 직원 사무 공간은 20평이 채 안 될 정도로 협소했다. 다행히 7호선 학동역 9번 출구와 접하고 있어서 지하철 접근성은 편리했다.

임직원들과 인사를 나눈 뒤에 간단하게 업무 현황을 보고 받았다. 직원 수가 총 450명인데 본사는 CEO 포함 임원 4명, 금융 및 총무팀 3명, 상사 채권팀 3명 총 10명이 근무 중이었다. 협소한 사무실은 어두울 뿐만 아니라 지나친 칸막이식 공간 배치로 소통이 불편하고 부서 사이의 협업이 어렵겠다는 강한 인상을 주었다. 공간이 의식을 지배한다는 말이 있듯이 쾌적하고 효율적인 업무 공간 조성은 근무 의욕을 불러일으키고 유연한 사고와 노동의 생산성 제고, 직원들의 근속 유도에도 크게 영향을 미친다.

2. 임원의 반목과 막힌 소통

감독 기관에서 퇴직한 감사는 비상근으로 일주일에 한두 번씩 출근했다. 하부 조직 미비로 감사 기능이 제한적이었고 주간 회의 시에만 참석했지만 늘 협조적이고 긍정적인 분이었다. 업무를 파악해 나가자 자연스레 잦은 의논 대상은 전무와 상무였다. 그런데 첫날부터 임원 사이에 묘한 기류가 감지되었는데, 이 두 사람이 서로 상대를 지나치게 의식하고 있었다. 결재나 의논을 위해 내 방을 찾을 때마다 항상 열어둔 문을 닫고 들어왔다. 그때마다 다시 열어두라고 했지만 오랜 습관이었는지 들어오면서 닫는 버릇을 고치지 못했다. 결국 드라이버로 경첩의 나사를 빼고 문을 철거해 지하 창고로 보내 버렸다.

전무와 상무뿐 아니라 직원 모두가 당황해했는데, 다음 날 전무가 자기 방문을 스스로 떼어냈다. 그리고 상무는 꽁꽁 닫힌

여행에서 만난 경영지혜

방문을 활짝 열어두고 일하기 시작했다.

그동안 단 두 명뿐인 임원 사이가 서로 원만하지 못했으니 회사가 안고 있는 문제가 이만저만이 아니겠다는 생각이 들었다. 보고 중에 상대가 들으면 서운해할 말도 거리낌 없이 하곤 했다.

몇 명 되지도 않는 사무실 직원들의 분위기도 냉랭했다. 두 임원이 견원지간이니 이웃 부서와 잘 지낼 수도 없는 구조였다. 얼마 후에는 금융팀 과장 1명이 장인 사업을 돕겠다고 그만두었고, 연이어 마케팅팀 막내 직원이 사회복지시설 행정 요원으로 전직해 떠났다. 며칠 뒤 마케팅팀 팀장과 과장이 동시에 G 사로 전직해 가버렸다.

무슨 사유로 이러한 일들이 동시에 일어나는지 이해할 수가 없었다. 그중 일부는 순수한 전직이었지만 새로 부임한 CEO의 변화 요구에 부담을 느껴 떠난 사람도 있을 것이다. 당시 타사로 전직한 두 명은 채권 관리 업무에 익숙한 직원들이었는데, 담당 임원이 좀 더 적극적으로 잔류를 설득하지 않은 이유는 지금도 여전히 의문이다.

직원들의 이탈 이후 한동안 빈자리 충원에 상당한 애로를 겪었다. 동종 업계 평균보다 낮은 보수 수준과 열악한 사무 환경은 채용에 큰 장벽이었다. 또 조직이 작다 보니 한 명이 여러 업

무를 처리할 수밖에 없고 직무 수행 양도 많아서 충원에 부담이
되었다. 채용 사이트에 광고를 내면 여러 명이 응시를 해도 막
상 면접을 보면 업무역량을 갖춘 지원자를 찾기 힘들었다. 차선
의 채용을 결정하고 합격 통지를 하면 출근 후 하루를 보낸 뒤에
다음 날에 그만두는 경우조차 많았다.

남의 일로만 여기다 직접 겪은 중소기업의 구인난 경험이었
다. 임직원들의 소통 부재에 따른 냉랭한 사무실 분위기 해소를
위해 임원 두 사람의 화합이 급선무였다. 임직원들의 사무 환경
개선을 위한 회사 이전도 역시 시급했다.

3. 본사 이전과 사무 환경 개선

주주 배당은 고사하고 직원들의 급여마저도 빠듯한 상황에서
본사 사무실을 더 비싼 곳으로 이전하겠다는 결정은 쉽지 않았
다. 열악한 사무 환경은 직원들의 잦은 퇴사로 이어졌고 충원에
도 영향을 미쳤다.

상의 끝에 대주주는 이전의 필요성은 공감했으나 성수역 인
근 주주사의 입주 빌딩 내로 이전하길 희망했다. 강남 지역보
다 비용면에서 효율적이고 또 모기업과 동일 빌딩 내에 입주하

면 양사의 경영 시너지를 기대할 수 있다는 대주주의 의중이 반영된 안이었다. 그러나 모회사가 입주한 빌딩 내 공실은 규모가 맞지 않았다.

모회사 인근 빌딩도 수배했으나 조건에 맞는 건물을 찾지 못했다. 일부 임직원들은 금융회사의 자존심을 내세우며 성수동 이전 안에 대해 부정적 의견을 내기도 했다. 모기업과의 경영 시너지를 기대한 성수동 이전 옵션은 적합한 건물 부재로 원점으로 돌아갔다. 강남 지역을 포함하여 검토하되 월 임대료와 관리비가 합리적인 곳을 찾았다. 마침내 주주사와 가까운 삼성동 아메리칸 스탠더드 빌딩 6층으로 이전하기로 하고 주주사의 동의를 구했다. 구 임차 건물에 비해 전용 면적은 약 3배(자회사인 넥스트 어드바이저 & 대부(주) 입주 공간 포함)로 넓어진 반면 월 임차료는 약 2배만 늘어났으니 발품을 팔고 다닌 보람이 있었다.

특히 인테리어 공사는 은행과 카드사 본·지점 인테리어 경력이 풍부한 업체를 소개받아 효율적 공간 디자인과 양질의 건축 자재로 마감했다. 탁상 등 비품도 고사양 제품으로 비치하여 일하고 싶은 공간으로 완전히 탈바꿈시켰다. 전 직장에서의 인연으로 훌륭한 사무 공간을 원가 수준에 시공해 준 인테리어 업체도 우리 회사를 일으켜 세우는데 일조한 셈이다.

막상 멋진 인테리어로 공간을 완성하고 보니 벽면이 휑하고 썰렁한 느낌이었다. 알고 지내던 J 화랑 대표에게 사무실에 어울릴만한 작품 몇 점을 추천받았다. 회사 형편상 미술작품을 소장할 여유가 없었기에 개인적으로 매입하고 작품은 당분간 사무실에 비치하기로 했다. 사무실 분위기가 훨씬 더 감성적으로 변화되었다.

효율적인 소통과 동선을 고려한 새 사무실로 이전하자 임직원들의 반응이 매우 좋았다. 한강과 탄천이 합수하는 곳이며 올림픽 주경기장과 서울의 랜드마크 롯데 타워, 그리고 올림픽 대교가 한눈에 그림같이 펼쳐지는 곳이다. 전망으로 치자면 대한민국 최고 수준이며, 관리도 잘되어 이용 효율이 높은 빌딩이다. 지하철 9호선 봉은사역은 급행 정차역이어서 직원들의 출퇴근 시 이용에 편리하고 간선을 이어주는 환승 버스도 많다.

여유 있는 공간 확보로 자회사인 넥스트 어드바이져 & 대부(주)에 일부를 재임대 중이며 본사 직할 마케팅팀 신설 등 임차료 이상의 수익적 활용을 하고 있다. 그리고 현대그룹의 모 임원은 접견실 비품을 원가에 보내주어 회사 이전에 도움을 주었다.

본사 이전과 관련된 에피소드 하나 소개한다. 모 임원은 집무실을 전무 방보다 1㎡라도 더 크게 만들어 달라고 했다. 영업점장들이 자주 찾아오기 때문에 그들에게 권위를 보여야 하기 때문이라고 했다. 나는 위계질서의 필요성을 들어 완곡히 거절했지만 방이 크다고 조직 내의 권위나 리더십이 더 커진다고 생각하는 임원의 사고는 이해하기 힘들었다. 그 이후에도 경우에 맞지 않는 일들이 심심찮게 일어났고, 회사 이전 후 10개월 만에 결국 그 임원도 자의 반 타의 반으로 회사를 떠났다.

4. 경영 이념과 비전 수립 공유

회사의 웹 페이지를 들여다보니 정보 업데이트도 미진했고 비전을 구현하는 사업 단위의 전략 일치성이 모호했다. 회사 설립 초기 신용정보사의 업무에 대한 이해가 부족한 채로 타사 웹 화면을 모방하여 얼기설기 엮어서 만든 모양새였다.

회사 역량으로는 대대적 개편이 불가한 상태였고, 전문 회사에 맡기려니 사후 관리 비용이 문제였다. 그룹 이미지와 회사의 비전을 체계적으로 정립하지 못한 상태에서 만들었으니 당연한 결과다.

취임식 때 밝힌 주주 가치, 고객 가치, 직원 가치의 균형적 제고라는 경영 이념과 신용 사회의 보루가 되어 신용 사회 정착에 앞장서겠다는 비전을 염두에 두고 일부만 손을 본 뒤에 훗날의 숙제로 남겼다.

비전은 조직이 장기간 지향하는 이념이나 가치관을 말하는데 특정 미래 시점에 걸맞은 기업의 목표나 위상을 설정한 것이다. 조직 목표 수립이나 전략 설정의 가이드가 되고 리더의 의사 결정에 준거가 되며 아울러 구성원들에게 정신적 체계를 제공하고 공유 가치로 기능한다. 경영 이념은 기업의 신조 내지 경영 철학으로 경영 활동의 방향성을 나타낸다. 즉 경영자가 경영 활동을 해 나감에 있어 지침으로 삼는 사훈이나 사시로 구체화된다.

기존 회사 로고도 큰 고민 없이 만들어져 임직원들 간에 로고의 상징성이나 이미지에 대한 설명과 합의 절차가 없었다. 삼성 그룹 디자인 전문학교인 SADISamsung Art and Design Institute의 K 교수에게 개인적으로 부탁해 회사 비전과 경영 이념을 충분히 교감한 뒤에 지금의 현대적이고 안정감 있는 로고로 변경했다. 신용 사회 구현이라는 비전과 고객 가치, 종업원 가치, 주주 가치의 균형적 성장을 강조한 경영 이념을 표상하는 방향으로 콘셉트를 잡았다. 3단의 계단 받침대는 고객, 종업원, 주주 가치를 한 단계씩 쌓아 올리는 형상이며 그 토대 위에 영문 회사명 KSCIKS Credit Information이 빛나는 형태로 구성했다.

그런데 직원들이나 주주 회사 임직원들이나 똑같이 가타부타 언급이 없었다. 대부분의 중소·중견 기업에서는 로고나 슬로건,

캐치프레이즈가 무엇을 뜻하고, 어떻게 다른지 또 이들이 장기적으로 직원과 고객들과의 커뮤니케이션에 얼마나 중요한지에 대한 인식이 부족해 보였다.

모기업은 한국고용정보(주)라는 사명에 'KBS JOB'이라는 사명도 병기해 사용한다. IMF 외환위기에 한국고용정보(주)의 창업주인 손영득 회장이 〈일자리 백만 개 만들기〉라는 방송 프로그램을 기획해 KBS와 공동으로 진행했었다. 암울했던 취업 대란 시절에 일자리를 만들고 연결했으니 탁월한 아이디어였다. 성공적인 사업 완료 후에 KBS 측과 로고 사용권에 대한 협정을 맺고 지금까지 KBS JOB을 한국고용정보(주)의 정식 법인 사명에 병기하여 쓰고 있다.

회사의 이름이 '한국고용정보'이고, 병기하는 영문 이름이 KBS JOB이니 공공성이 높아 보였고, 순수 민간 기업임에도 공공 기관이나 정부 산하기관으로 인식되기 쉬운 사명이다. 따라서 회사가 성장하는데 회사의 사명이 일정 부분 긍정적 역할을 했을 것으로 생각된다.

모기업의 창립 기념일이나 시무식 등 각종 기념행사 시 현수막에는 'KS그룹'으로 표기하고 산하에 한국고용정보와 KS한국고용정보, KS신용정보, CNAI 등 4개 사를 아우른다. 하지만 그룹 이름을 만드는 배경이나 지향 가치가 무엇인지는 명확하게 정의된 바가 없다. 직원들이 사명과 그룹명을 통한 동질감이나 동류의식을 형성하도록 그룹명도 설명 가능할 수 있도록 더 고민해야 할 부분이다.

군이 찾자면 KBS JOB과 KS신용정보의 겹치기 글자를 따 온 것으로 여겨지는데, 사명이 직원들에게 기업 비전을 강력하게 표방할 수 있고 스토리텔링이 될 수 있으면 더 좋을 것이라는 아쉬움이 남는다. KS의 본말인 'Korea Standard'는 고유한 의미보다 일반 명사화된 지 오래되었다.

과거 은행 근무 시절에 증권사 출신 CEO를 모신 적이 있다. 그때의 경영 이념이 '주주 가치 극대화'였다. IMF 외환위기를 겪으면서 우리나라 기업들이 외국인 투자 유치를 위해 주가 부양에 관심을 쏟던 시기였다. 주주 가치 제고의 반대급부로 경영자도 스톡옵션을 통해 막대한 부를 획득한 시절이었다. 그러나 그 당시 주주 가치 제고를 위한 구조조정 과정에서 수많은 직원들이 구조조정의 대상으로 내몰렸다.

시대적 아픔을 겪으면서 기업 경영은 단기 수익성에 급급한 주주 가치에만 매몰되어서는 안 된다는 믿음을 가지게 되었다. 일방의 가치에 경도되어 고객의 가치와 종업원의 가치가 훼손되면 기업의 장기적 성장 동력도 훼손되기 때문이다. 고객, 종업원, 주주의 세 바퀴가 함께 굴러가는 기업이 좋은 기업이다.

2장

7년의 세월,
여물지 못한 조직

회사의 환부 찾기

본사를 옮긴 뒤 임직원들과의 소통 강화를 통해 회사의 근원적 취약점을 찾아내고 필요한 처방을 내리기 시작했다. 약물요법이나 외과적 수술 등 조직을 살리기 위한 다양한 수단이 동원되었다.

경영자는 늘 깨어있는 자세로 경영에 임해야 고객, 종업원, 주주 가치를 키워갈 수 있다. 우리 회사는 재무통제 기능 상실, 업무를 지원하는 전산 시스템 부재, 임직원 역량 및 소통 부족이 제일 큰 환부로 파악되었다.

√ **빨간 불 켜진 재무관리 역량**
  창사 후 7년간 매출은 상승, 이익은 적자 가중(경영관리 문제)
  관리회계에 대한 이해 부족(독립채산형 지점 수수료 책정 문제)
  상품이나 업무별 영업이익률 분석 미비
  신사업 도입 시 사업 타당성 분석 미비
  판매 관리비 통제부서로서 기능 상실
  계획은 존재, 평가와 피드백은 부존재

√ **부실한 IT 인프라(채권관리 시스템)**
  시스템과 인력 부재로 현업 지원 한계(전담 2명 확보, 시스템 개발)
  지점장 및 추심 위임직의 시스템 기피(사용자 중심 설계, 교육 강화)

√ **임원 인사, 거듭된 실패**
  낮은 연봉으로 채용난 상존, 역량 및 윤리성 결여 임원
  2년간의 시행착오 이후 안정된 새 임원진 구성

✓ **끊임없는 조직 동요**

팀장 이하 직원들의 잦은 입·퇴사 (상사 리더십, 저임금, 저 몰입 등)

조직 충성도 강화: 보상 강화 및 조직 문화 구축, 자긍심과 신뢰 형성

연수 강화: 리더십 및 직무 심화 과정(금융연수원 등)

✓ **무모한 성장 전략(금융, 상사 채권 지점 20개 동시 개설)**

수익성 분석 간과한 CFO. 영업력 분석 간과한 CMO

CEO의 신사업에 대한 통찰 부족(보상 구조, 임원 인사)

관리 부재의 성장 전략으로 자본 잠식 초래

1. 열악한 신용정보 업황

신용정보 회사는 관련법에 의거 '금융회사 등'으로 표기된다. 입법 당시 금융의 후단 내지는 변방이니 금융업 본류에 포함 시키기에는 뭔가 석연찮다는 생각을 한 모양이다.

업의 본질을 따지자면 상거래에서 발생 된 미회수 채권을 독려해서 채권자의 권리를 확보하거나 금융회사가 고객으로부터 돌려받지 못한 연체 원리금 회수를 대행하는 일이다. 궁극적으로 신용사회 정착에 이바지하는 가치 있는 일이다. 또 금융회사의 부실화된 채권 원리금을 회수해 부실화 율을 낮춤으로써 대출 이자에 포함된 부실 위험에 따른 가산 이자를 줄여 차주별 신규 대출 이자율을 낮추는 기능도 있다. 신용사회의 파수꾼으로 사회적 비용을 절감하는 역할을 한다.

신용정보 협회에는 2021년 말 기준으로 총 29개의 회사가 회원으로 등록되어 있다. 이중 신용 조사와 추심을 전담하는 회사는 특별법으로 설립된 농협지주 자회사인 농자산관리(주)를 제외 시 23개 회사가 회원으로 참여하고 있다. 나머지는 신용 조회 업으로 개인이나 기업의 신용 평가 및 신용 등급 부여 업무를 담당하는데 KCB나 NICE신용평가 등이 여기에 해당한다.

최근의 업황을 보면 신용 조회 회사들은 인터넷 뱅크나 핀테크 기업 등 새로운 신용정보 사용처가 늘어남에 따라서 시장 성장률이 매우 빠르다. 그러나 신용 조사업 즉 추심업 시장은 저금리에 따른 상환 부담 경감과 코로나 팬데믹으로 인한 대출 원리금 상환 유예 등으로 연체율이 낮아 성장이 답보 상태다. 따라서 금융회사의 여신 중 원리금 납입이 되지 않는 NPLNon Performing Loan: 무수익 여신의 매각 물량이 줄어 매도자 우위의 시장으로 흘러가고 있다. 매도 금융사인 은행, 카드사 등은 연체된 여신 자산의 매각 가격을 높이고 대형 대부업체 등 연체 여신 자산을 매입하는 회사는 과당 경쟁 입찰에 내몰리고 있다. 따라서 해마다 매각 연체 자산의 낙찰가가 상승하는 중이다.

연체 자산의 매입가격이 높아지니 채권 매입사는 신용정보사에 회수 위임 수수료율을 낮게 책정하고 싶어 한다. 그리고 신용정보사의 추심 업무가 3D 업무로 알려지다 보니 젊은 층의 추심 위임직 신규 유입이 갈수록 줄어들고 있다. 추심 위임직의 평균 연령대가 50대에 달하고 추심 수수료율 인상 요구도 날이 갈수록 거세다.

이런 시장 상황으로 2021년도에 추심업을 영위하는 23개 신용정보사의 당기순이익은 모두 합쳐서 600억 원대에 머무는 초라한 수준이다. 매출 총액도 9천억 원대에서 횡보하고 있으니 힘든 비즈니스 모델이다.

여기서 주목할 사항은 신한, 우리, KB 등 금융지주사 계열 신용정보사들은 계열사 내의 은행 카드사 및 캐피탈사로부터 회수 채권 물량을 손쉽게 확보한다. 지주사 차원에서 계열 위·수탁사 간 적정 수수료율을 조정하기도 해서 1개 사가 평균 20~40억 원의 당기순이익을 안정적으로 실현한다. 반면에 전업 추심 회사들은 K사 등 선발 4~5곳을 제외하면 간신히 적자를 면하거나 적자의 늪에서 허덕이는 현실이다.

과거 아세아신용정보, 국민신용정보 등 여러 개의 신용정보사가 청산된 역사를 미루어 보더라도 조금만 방심하면 회사의 존립이 위태로울 수 있어 늘 긴장하고 경영관리에 최선을 다해야 할 업종이다.

추심 회사의 업무도 금융회사의 부실 채권을 타깃으로 영업하는 회사와 상거래 채권 등 민·상사 채권을 중심으로 영업하는 회사가 있지만 대부분 이 두 업무를 적정 비율로 겸영해 나가고 있다.

금융 채권과 관리조직에는 연체 1일~40일 이내의 초단기 연체를 관리하는 ACS Auto Calling System: 미납 카드, 통신 요금 등을 전화로 납부 촉구 및 회수 센터가 있고, 3개월~6개월 중기 연체 채권과 6개월 이상의 장기 고정 상각 채권을 함께 관리하는 직영 센터지점와 독립채산형 센터가 있다.

비 금융회사의 상거래에서 발생된 상사 채권은 보통 연체 발생 1년까지는 일반 채권, 1년을 넘기면 특수 채권으로 분류한다. 대기업들은 본사에 자체 연체 관리 조직을 두거나 신용정보사에 회수를 위임한다. 이후 세법이나 기업의 재무 정책에 의거 적정 시점에 상각 후에 매각하는 절차를 밟고 있다.

2. 코로나 팬데믹과 신용정보업

2019년 말 중국 우한에서 발생한 코로나 바이러스는 전 세계로 급속하게 번졌다. 한국도 2020년 2월 10일 첫 확진자가 나온 이후 대구 신천지 교회를 중심으로 확진자가 급속도로 불어나고 사망자도 늘기 시작해 전국이 코로나 바이러스 공포에 휩싸였다.

대구 지역의 집단 감염 사태가 안정을 찾아갈 무렵 서울 구로구에 소재한 보험사 고객 안내 M사 콜센터에서 감염 경로를 알 수 없는 집단 감염이 발생했다. 서울과 수도권을 긴장하게 했고 정부에서도 콜센터 등 다중 근무 사업장의 감염자 발생 시 확산 방지를 위한 BCPBusiness Continuity Plan: 비상시 업무 연속성 유지 계획 플랜에 대해 관심을 보이기 시작했다.

재택근무와 2~3교대 순환 근무, 제3의 사무 공간 확보 등 다양한 시나리오별 연구 검토가 있었다. 집단 발병으로 격리 직원이 늘어나면 업무 추진에 누수가 발생한다. 또 업무를 위임한 금융사로부터 받게 될 도급비가 감액되므로 회사에 비상이 걸릴 수밖에 없다.

위탁사인 K 카드사와 유기적인 협조 체제를 마련하고 긴밀한 협의 끝에 현장의 직원 배치를 층별로 나누어 배치하는 등 긴급히 1차 조치를 마련했다. 이후에 후속 조치로 근무 시간 교대제를 도입했다. 모기업 자체 방역반의 도움을 받아 본사 사무실 소독 활동도 긴급하게 마쳤다. 이런 노력으로 K, H, W 카드 등 여러 금융회사 사업장 내에서 일하는 우리 회사 직원들 가운데 감염자가 나타나지 않아서 다행이었다.

민·상사 채권을 관장하는 전국 지점들은 지점별 근무자 수가 적고 또 출장 근무가 잦아 사무실 잔류 인력이 소수에 그친다. 직원 간 충분한 공간 확보가 가능하므로 감염에 대한 우려는 상대적으로 낮다. 도급사의 업무 연속성 유지 계획을 기준으로 우리가 대응해야 할 자체 업무 연속 계획을 작성함으로써 위급하거나 비상시에 조직의 영속성을 유지해 나갈 수 있도록 대비했다.

유비무환의 정신으로 다수의 직원들이 함께 근무하는 카드 단기 연체 관리 콜센터들도 코로나의 터널을 지나가고 있다. 전 직장에 재직하는 동안 두 번의 큰 위기를 경험했다. 1997년 외환위기와 2008년 글로벌 금융위기는 전대미문의 상처를 남겼다. 두 위기 모두 돈과 관련되었으니 결국 인간의 탐욕으로 발생한 사건이었다. 2020년의 위기는 코로나 바이러스로부터 생명을 지키기 위해 인간의 활동 범위를 축소함으로써 소비와 생산 활동이 동시에 무너지는 참담한 실물 위기다.

이탈리아를 비롯한 유럽권의 감염 속도가 무섭고 미국까지 확산의 속도가 높아지니 미국이나 유럽의 주식 시장이 폭락했다. 자동차 제조사 등 대형 공장들이 가동을 멈추거나 생산을 줄이고 있고 자동차 판매량은 급속도로 줄고 있다. 특히 여행 산업인 항공업이나 호텔업은 직접적인 타격으로 인해 연쇄 줄도산이 이어지고 있다.

금융 위기 시에는 각국이 중앙은행을 통해 돈을 풀고 금리를 낮추는 양적 완화와 정부의 재정 정책으로 위기를 수습해 왔다. 그러나 각국 중앙은행의 양적 완화로 시중으로 풀려나가는 유동성이 기업으로 잘 흘러들어 선순환을 이어갈지 미지수다. 이미 수많은 회사가 공급망의 와해로 생산에 차질을 빚거나 시장 위축으로 수요가 이전 같지 못하기 때문이다. 따라서 미국 연방 준비은행의 기업 어음 직매입이나 이탈리아 정부의 알리탈리아 항공 국유화와 같이 질적 완화에 나서야만 코로나 위기 수습이 가능할 것으로 보인다.

코로나 바이러스가 추심 시장에 미치는 영향을 예측해 보면 단기 연체를 관리하는 콜센터들은 소비 위축으로 콜 수가 다소 줄겠지만 큰 불안은 없어 보인다. 하지만 장기 연체 중인 금융사의 무수익 여신과 민·상사 부문에서는 코로나 바이러스 민감 산업에 종사하는 가계와 기업의 채무 상환 능력이 현저히 떨어질 것이다.

또 코로나 바이러스로 인해 채무자 접촉이 어려운 관계로 회수 실적이 떨어질 우려가 있다. 현실적으로 중소기업과 자영업자에 대한 정부의 채무 상환 유예 조치가 종료되면 향후 연체 채권 물량은 크게 늘어날 여지가 있다. 그리고 위기 이후 장기간 불황이 이어지는 L 자형 경제 곡선이면 물량 대비 저조한 회수율로 추심업계의 실익이 크지 않을 것이다.

다만 탄력적인 경기 회복 형태인 J 자형 곡선을 그리면 늘어난 회수 물량에서 상환도 급속하게 증가할 것이므로 국가 경제나 우리 업계나 가장 이상적인 상황을 맞게 될 것이다.

3. 빨간불 켜진 수익 관리

　독립채산형 지점은 지점장이 본인의 역량으로 채권을 확보하고 추심 위임직을 모집하여 추심 활동을 한다. 지점장은 채권자나 채권 보유자로부터 받은 회수 수수료로 추심 위임직의 회수 성과 수수료와 본사 관리비를 제한 뒤 나머지를 본인의 수익으로 계상한다. 따라서 지점의 채권 영업과 회수 활동에 따른 본사의 지원 활동에 필요한 인건비 및 물건비, 전산 구축비 등 본사 비용에 대한 분담 비율을 최대한 낮추려고 애쓴다. 때에 따라 낮은 본사 관리비를 제시하는 다른 신용정보사로 자신의 관리 채권과 직원들을 대동하여 통째로 옮겨가기도 한다.

　다수의 독립채산형 지점장이 회사가 부여하는 법적인 추심 권한에 대한 가치 인식과 지점이 제 기능을 하기 위해 필요한 본사의 활동비용에 대해 이해가 부족한 편이다. 은행이나 카드사 등의 점포장 회의에 익숙해 있다가 신용정보사 점포장 회의를 접해보면 완전히 다른 분위기다. 그동안 전산 시스템도 정비되지 않아 지점의 회수 활동 지원이 미진했고, 또 본사에서 추심 채권을 영업해서 지점에 배분하는 역할도 부진했다. 그러니 독립 채산형 지점장들의 항변에 본사는 늘 꿀 먹은 벙어리 신세였다.

회의에 참석한 지점장들이 자기들의 몫을 챙기느라 본사 직자 상태는 자기들이 알 바가 아니라고 집단으로 항변하고 했으니 이런 한심한 회사가 있나 싶었다. 솔직히 때론 실망을 넘어 절망하기도 했다. 그동안 본사가 영업점 체계 정비와 지점 회수 활동을 지원할 수 있는 전산 시스템 구축, 본사 공통 비율의 합리적인 조정 등 필요한 경영관리 노력에 미진했다. 담당 임원과 지점장의 사적 친소관계親疏關係에 따라 본사가 영업한 채권이 배정된다는 영업점장들의 불신마저 생겨나 임원이 지점장들에게 리더십을 발휘하기 어려운 구조였다.

활동 기준 원가에 기초한 수수료율 산정이 가능함에도 지점별로 원칙 없는 수수료율이 적용되어 회사의 수익 구조를 악화시켰다. 물론 인지도가 낮은 회사에서 독립 채산형 지점을 신설하기 위해서는 유연한 수수료율 제시가 필요했을 것이다. 하지만 회수 실적을 단기간 내 끌어올리도록 코칭하고, 수수료율을 조기에 정상화하는 방향으로 신설 지점을 견인하지 못한 아쉬움이 크다.

지점 개설 후 4~5년이 지나도 본사 관리비 미수가 발생할 정도로 영세한 지점들이 많았다. 급격한 지점망 확충이 오히려 회사 수익에는 부담으로 돌아왔다. 회사의 수익성 제고를 위해 먼저 인적 쇄신이 필요했고 또 전산 시스템의 구축도 시급한 사안이었다. 하지만 전산 시스템의 자체 구축에 대해 기존 시스템의 개발과 운영을 담당해 온 모기업 전산 본부는 생각을 달리했다.

전산화를 반기지 않았던 우리 회사의 영업점 채널 본부에도 심각한 문제가 있었다. 전산화로 영업점 회수조직의 효율적 기동을 지원하고 의사 결정의 유효성을 높이기 위해 경영정보 시스템도 가동되어야 한다. 적자 가중으로 인건비와 전산개발비를 줄이다 보니 회사 곳곳에 관리의 사각지대가 생겼고, 방치되고 있었다.

설립 이래 매출액은 조금씩 성장해 왔음에도 불구하고 회사의 수익성은 오히려 더 나빠지고 있었으니 우선 판매 관리비에 눈이 갔다. 성장에 따른 수익성이 담보되지 못한다면 과도한 수주 경쟁에 뛰어들어 출혈 영업을 했거나 아니면 판매 관리비 통제를 소홀하게 했거나 반드시 이유가 있기 마련이다.

회사를 맡을 당시의 순수 본사 조직은 임원 4명에 직원이 6명뿐인 기형적인 조직이었다. 조직 운영에 필수적인 최소한의 팀원을 보충하여 이제 18명의 임직원이 근무하고 있다. 물론 회사운영에 필요한 인건비와 물건비가 더 늘어날 수밖에 없다.

그동안 매출이 늘어나도 관리 부재로 회사의 수익은 늘어나지 않았다. 도급비_{당사가 위탁사로부터 수취하는 회수 성과 수수료}의 대부분이 지점의 추심 인력과 콜센터 직원의 현장 인건비로 빠져나갔으니 앞에선 남고 뒤로는 적자가 나는 장사를 하고 있었다.

판매 관리비 관리에 빨간불이 들어온 회사로 진단했고, 치료에 들어갔다. 각고의 노력으로 판매 관리 비율이 2018년 9.2%에서 2019년에는 8%로 떨어졌고, 2020년에는 7.5%로 떨어뜨려 수익성 관리의 출발이 되었다. 매출 300억 원 회사에서 판매 관리비 비율 2% 절감은 연간 6억 원의 수익성 개선 효과로 이어졌다.

판매 관리 비율 추이

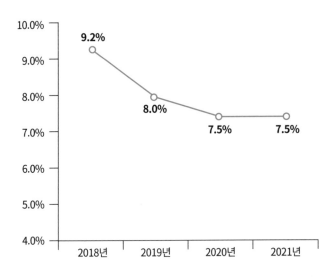

판매 관리 비율 = 판매 관리비 / 매출액
(판매 활동에 수반한 판매비 및 일반 관리비에 대한 매출액 대비 비율)

여행에서 만난 경영지혜

4. 부실한 IT 인프라

오늘날 어떤 회사도 전산 시스템에 의존하지 않고서는 효율적인 업무 처리나 경영 판단에 필요한 자료를 생산할 수 없다. 특히 금융회사는 전산 시스템이 완비되지 않고서는 회사 설립을 승인받기 어렵다.

우리 회사의 전산은 모기업 전산 본부 소속 직원들이 타사의 시스템을 일부 원용해 자체 개발해 승인을 얻었다. 활용도 면에서는 지점에서 위탁받은 채권등록과 채무자 앞 수임 사실 통보서만 시스템에 등록하고 근거를 남기는 수준이다. 채권별 회수 이력이나 그 외의 모든 회수관리 기록은 전산에 남겨진 것이 없다.

최초 시스템 설계 당시 현업 실무담당 부서의 전산개발 세부 요건 정의가 부족했고, 지점 추심직 종사자들이 시스템 활용을 기피했기 때문에 일어난 일이다. 게다가 지점별 채권 보유량과 일별, 월별 회수 실적, 추심 직원 인당 회수 실적, 채권별 회수율 등 경영에 필요한 여러 가지 통계자료를 생산하지 못했다. 결국 실시간으로 지점 회수 상태 파악이 불가능했다.

부실한 전산 인프라는 내적으로 업무 효율을 떨어뜨리고, 외적으로 회사 이미지에 부정적인 영향을 준다. 경영 의사 결정을 내리기가 쉽지 않음도 물론이다. 운용 인력도 주주사인 한국 고용정보(주)에서 소속 팀장 1명이 양사의 일을 겸임했다. 올바른 전산 시스템 구비 없이는 회사가 한 발짝도 전진할 수 없다는 판단하에 전속 IT 인력을 채용하고 계획을 세워 개발에 착수했다.

개발 인력 2명을 채용하고, 4명의 외주 인력과 협업으로 약 10개월에 걸쳐 5억 원 규모의 시스템 개발을 진행했다. 시스템이 개발되면 채권 수주 영업을 지원하게 되고, 지점의 효율적이고 체계적인 채권 회수와 관리를 지원할 수 있다. 그리고 리스크 관리의 효율화로 회사의 안정적 성장에 도움이 될 것이다.

채권 관리 시스템은 민·상사 채권 관리 시스템, 금융 채권 관리 시스템, 매입 채권 관리 시스템, 소액 및 렌탈 채권 관리 시스템의 4개 영역으로 개발 계획을 수립했다. 개발을 위한 이사회 보고 시에도 주주 회사 전산 본부장은 현행 시스템의 유효성을 주장하며 신규 개발에 공감하지 않아 현장에서 치열한 설전이 오가기도 했다. 잘된 시스템이라면 어째서 경영자가 필요로 하는 보고서 한 장 생산하지 못하며 지점에서는 왜 전산 시스템을 이용하지 않느냐고 강한 의문을 제기했고, 결국 난상토론 끝에 개발에 착수하는 것으로 결론지었다.

콜센터 인력 공급을 주 업무로 하는 주주사의 전산 본부가 그동안 모기업의 전산 업무를 잘 처리해 왔기에 모기업 임원들의 신뢰가 깊음을 알 수 있었다. 하지만 금융업을 수행하는 신용정보사의 전산 시스템이 미비하면 업무의 비효율 이전에 감독 당국의 제재를 감수할 수밖에 없다.

2018년 금감원 정기 검사 시 검사역이 요구하는 전산 자료를 한 건도 생산하지 못한 탓에 검사 진행에 애로가 많았다. 지적 대상임에도 새 전산 시스템 개발 추진계획을 보고하고 간신히 본 지적을 모면할 수 있었다. 금융회사의 정보 처리 시스템 구비는 선택이 아닌 필수다. 만시지탄의 의사 결정이지만 지금이라도 현실을 직시한 의사결정을 내렸으니 다행이다.

5. 의심나면 쓰지 말고, 쓰면 믿고 맡겨라

사례 1: 관리 역량 부재

주 1회 간부 회의를 진행해보면 참석자들의 역량이나 생각을 쉽게 읽어 낼 수 있다. 창사 때부터 근무해 온 모임원은 실행력보다 언어적 표현력이 뛰어난 유형이었다. 업무 보고 기술도 좋았고, 일 처리 속도도 빨랐다. 그러나 사안의 본질 파악과 공감가는 해결책 강구는 다소 아쉬웠다. 또 직원들에게 합리적 리더

십이 아니라 권위적 리더십을 보이는 경우가 종종 있었다.

회사 재무 관리를 총괄하는 자리에 있으면서도 자본 잠식을 초래한 그의 총체적인 역량에 아쉬움과 의문이 들었다. 부하 직원의 금전적 일탈 행위와 본사 이전 시 기존 건물의 임대차 계약 조건을 잘못 해석해 수천만 원의 위약금을 물어내는 등 여러 관리상의 실수까지 겹쳤다. 생각을 거듭해도 믿음이 부족했다. 결국 '疑人勿用의인물용, 신뢰할 수 없는 사람은 쓰지 않는 것이 좋다'는 인사 철학으로 결별하기에 이르렀다.

사례 2 : 전사적 마인드 부재

2014년 중장기 채권 회수 지점 확장 시에 합류한 모 임원은 지점 장악력이 높았지만 합리적 리더십에 기반한 조직 통솔과는 거리가 멀었다. 전산 시스템 구축과 본사 공통비의 합리적 조정에도 CEO의 속도감 있는 개혁과는 보폭이 달랐다. 본사의 수익구조나 주주 가치에 대한 이해 그리고 임원의 역할 등에 대한 기본 인식도 아쉬움이 있었다.

적정 수익성 확보로 임직원의 급여와 복지를 증진하고, 위험을 무릅쓰고 투자한 주주에 대한 배당에도 책임을 지는 것이 임원의 책무다. 그러나 독립 채산형 점포장들의 입장을 대변하는 일에 관심을 가질 때가 많았다. 그는 우리 회사의 자회사인 넥스트 어드바이져 & 대부(주)의 대표이사도 겸직했는데, 그가 취급한 몇 건의 대출은 주로 영업점장들이나 그의 지인을 상대로 한 것이었다. 대출 조건을 임의 변경했고, 불규칙한 이자 납부 등으로 후임자는 아직까지 해당 대출의 사후관리에 속을 태우고 있다. 그중 일부는 추정 손실에 해당한다.

사례 3 : 윤리 부재와 영업 조직 관리실패

2019년 초에 우리 회사에 합류한 모 임원은 여러 신용정보사를 거쳤는데 주로 공공 채권 회수 실무 이력이 많았다. 주주사의 소개로 우리 회사 고위 간부로 영입되었으나, 경력에 비해 관리 범위가 갑자기 넓어진 탓인지 재직 중에 강서 지점 C 지점장이 2년에 걸쳐 섭외 중인 채권 섭외에 끼어들어 채권 확보도 놓치고, C 지점장과 강서 지점 관리 채권도 모두 K사로 빼앗기는 안타까운 일을 자초했다.

강서 지점은 월 매출액이 억 단위의 대형 점포여서 회사에 손실이 컸다. 더구나 이런 중대한 일이 벌어지는 동안 보고 한 마디 없었다. 해당 채권을 수임할 때 인연 있는 다른 지점장에게 배정하려고 했다는 소문이 돌기도 했다. 명분 없는 일이라 보고를 은폐할 수밖에 없었을 것이다. 설상가상 부산과 광주 지역 지점에 대한 J 사의 점포 공략에도 무방비로 대처하여 중소형 점포 2개를 추가로 잃게 되었다.

회사 경영 2년 만에 임원 정수 2명인 우리 회사에서 모두 6명의 임원 전출입이 있었다. 3명은 자발적으로 나머지 3명은 새 조직 문화와 맞지 않아서 떠나보냈다. 그만큼 조직과 임원 그리고 CEO 사이에 호흡을 맞추어 가는 시간이 길었고, 조직이 안정을 찾아가는 과정 또한 힘들었다.

영업 지점 관리를 하던 S가 떠난 자리에는 외환카드 출신 L이 팀장에서 본부장으로 승진하면서 업무를 이어받았다. 지금은 이사로 승진해서 기획과 행정 업무에 역량을 발휘하고 있다.

금융회사 단기 연체 관리 콜센터 관리와 경영 총괄을 맡은 K 상무 역시 전임자들과 달리 차분한 관리로 회사의 부족한 부분을 하나씩 보완해가고 있고 직원들과의 소통 리더십이 뛰어나다. K 상무, L 이사와 매일 아침 티타임을 가지며 지혜를 모으고, 경험을 나누면서 함께 회사를 이끌어 가고 있다. 들락거림이 많은 가운데 충원되는 임직원의 업무 역량이 조금씩 좋아지고 대부분 회사와 결을 같이하는 사람들이기에 더욱더 고무적이다. 2020년 새봄을 맞아 임원을 2명으로 줄여 작지만 효율적인 역량 중심의 조직으로 변화시켰다.

6. 전략 부재가 안겨준 성장통

직원들의 입·퇴사가 빈번한 것은 업무의 연속성이나 조직의 안정성 측면에서 바람직하지 못하다. 추심 위임 직군이나 카드 연체 관리 센터 근무 직군은 낮은 조직 충성도와 실적이나 고객 스트레스로 인해 퇴사율이 높은 편이다. 더구나 이 직군은 재취업이 쉬워서 이직률을 높이는 요인이 된다. 그러나 본사 사무직원들의 높은 이직률은 안정적인 경영관리에 큰 부담으로 작용한다.

부임 후 2년 반의 세월이 흐른 지금 부임 당시부터 같이 근무했던 직원은 차장 한 명뿐이다. 느슨하던 조직관리가 엄격하게 변하는 과정에서 적응하지 못하는 직원부터 자진 퇴사를 했다. 일부는 퇴사 이후 업무 처리 미숙과 고의로 저지른 금전 사고가 발각되어 변상 조치와 형사 고발 조치를 병행했다.

회사가 수행하는 업무를 처리하기 위해서는 최소한의 본점 부서(팀)별 인력은 시급하게 충원되어야 한다. 2018년 하반기부터는 조직이 커지면서 팀장도 4명으로 불어났다. 기획, 재무 회계, 지점 관리(민상사, 금융), 카드 연체 관리 센터 담당으로 분화되어 그동안 챙기지 못하고 방치된 업무들을 하나씩 챙기기 시작하고, 또 관련 규정 및 지침도 하나씩 정비해 나가기 시작했다.

조직도에 따른 최소 소요는 충속했나. 싱사와의 관계, 업무 관계, 동료 관계에서 뿌리를 내리고 안정감 있게 근무하는 직원은 아쉽게도 아직 소수일 뿐이다. 떠나는 자는 말이 없으나 떠나는 사유는 다양하다. 관계 설정의 실패, 역량 부족과 직무 불만, 윤리성 결핍 등 다양한 퇴사 사유들이 존재한다. 칼에 베인 곳에 새살이 돋아 상처가 아물 듯이 조직은 시간이 지남에 따라 스스로 복원력을 가진다.

대기업에서는 직원들이 높은 연봉과 사회적 대우를 받으면서 자긍심으로 근무한다. 반면에 중소기업에 근무하는 직원들의 근로 환경을 살펴보면 그들의 잦은 들락거림이 이해가 된다. 빠듯한 수익 구조로 주주 배당도 어려운 처지이니 무턱대고 직원 보상만 올릴 수도 없는 노릇이다. 하지만 회사가 강해지는 만큼 충원되는 직원의 자질도 조금씩 좋아지고 있다.

환골탈태의 아픔은 더 좋은 회사로 가는 길에 함께 안고 가야 할 아픔이다. 중소기업에 수년을 근무하고 보니까 이젠 '회자정리會者定離'에 익숙해지고 있다. 회사가 좀 더 여물면 '거자필반去者必返'의 날도 있을 것이라고 스스로 위로해 본다.

우리 회사는 기존 신용정보사들의 신규 진입 반대로 중장기 채권 회수는 4년간 취급을 유예하는 조건으로 2000년 5월에 금융위원회 인가를 얻었다. 취급 유예 기간이 끝난 2014년 5월에 중장기 채권 회수 영역으로 사업 확대를 도모했다. 이때부터 금융 및 상사 부문의 중장기 연체 채권 추심을 위한 본사 및 영업점 조직을 갖추어 나가기 시작했다. 창사 이후 처음으로 시도한 큰 모험이었다.

그런데 신사업을 도입하며 수익성 분석과 조직 구성 및 위험 요인 등 업무 취급의 타당성부터 검토해야 함에도 이러한 사전 검토가 전혀 없었다. 장기 연체 채권 회수 업무에 대한 사업성 분석력이 부족했던 경영관리 임원과 장밋빛 영업 예측을 한 영업과 업무관리 임원의 합작품이었으니 대규모 영업점 개설과 중장기 채권 취급 이듬해부터 적자가 가중되고 말았다. CEO의 통찰 역시 아쉬운 부분이다.

신사업의 총괄 책임자로 영입된 본부장은 매우 낮은 기본급과 영업 인센티브 부여 조건으로 신사업을 맡았다. 당시 작성된 근로계약서에 따르면 성과급 또는 인센티브를 회사가 정한 기준성과 산정 방법, 지급 시기와 방법에 따라 지급할 수 있으며 별도 약정 또는 회사의 지급 기준에 따른다고만 명시되어 있다. 그 후 별도의 약정도 지급 기준 설정도 없었다. 회사 중심의 일방적 계약이었고, 이를 수용한 당사자의 의도가 궁금했다. 본인 구술에 따르면 첫해는 기본급에 기준도 없는 성과급 일부를 받았는데, 그다음 해부터 회사 전반의 수익 상황이 나빠져서 성과급을 못 받고 1년을 건너뛴 다음 해에 기본급을 두 배로 조정했다고 했다.

생계가 곤란한 보상 구조이니 회사보다는 독립채산형 지점장에 의존하도록 회사가 내몬 것인지, 아니면 K 본부장이 애초부터 그런 보상안을 선호했는지는 명확하지 않다. 이런 보상구조로 임원을 영입하고 조직의 확장을 맡긴 CEO나 수용한 임원 모두 이해가 안 갔다.

그는 인연이 있는 업계의 사람들에게 낮은 본사 공통비 조건으로 KS의 추심업 라이선스를 안겨주었고, 동시에 20여 개의 지점을 개설했다. 또 회계와 경영관리를 총괄한 C 전무는 재무총괄 임원으로서 이러한 상황을 통제하지 못한 아쉬움이 크다. 지엽적인 개별 단위 업무가 아닌 신용정보사의 중추적인 업무를 새로 도입하고 또 조직을 만드는 일은 면밀한 사전 검토가 필수다.

결국 회사의 무모한 성장 전략으로 인해 이듬해부터 발생한 대규모 손실은 자본 잠식으로 이어졌다. 신사업 진출 자체에 문제가 있었다는 것이 아니다. 다만 진출에 따른 사업성 검토와 신설 지점의 영업 역량과 본사의 영업 관리 역량 등이 종합적으로 잘 고찰되었다면 자본잠식 등의 어려움을 겪지 않고 안정적 경영 기반을 조기에 마련할 수 있었을 것이다.

업무 추진에는 중요도와 시급성에 따라서 우선순위가 있어야 한다. 개인이나 작은 조직에서 복수의 일을 처리할 때는 시분할時分割 개념의 업무 처리 방식도 가능하다. 기업에서는 역량을 갖춘 조직이 완비되고 난 뒤라야 기존 사업의 틀을 바꾸거나 신사업을 도모할 수 있다.

우리 회사는 조직이 안정되지 못하고 더구나 최소한의 소요 인력도 확보하지 못한 상황에서 신사업 도입과 대규모 지점 증설을 시도했다. 밭을 갈지도 않고 씨를 뿌린 농사와 다를 바가 없다. 밭갈이 없이 뿌린 씨앗이 착근에 어려움을 겪듯이 일할 스탭이 구성되지 않은 조직이 새로운 사업에 뛰어든다는 것은 리스크를 외면한 무모한 출발이다.

금융 및 민·상사 중장기 채권 회수를 위해 20여 개 지점 조직을 셋업 하는 일은 기존에 취급해오던 회사 전체 업무량을 넘어서는 것이었다. 더구나 전산 시스템도 구비되지 않은 상태의 업무 수행이니 본부장 한 명이 팀장 1명과 팀원 1명으로 전체 업무를 끌고 간다는 것은 당초부터 관리를 포기한 조직 설계로 봐야 할 것이다.

이러한 조직 구조라면 처음부터 안정적이고 균형 잡힌 업무 안착을 기대할 수 없는 구조다. 그 결과로 같은 속성의 민·상사 채권을 취급하는 지점들 간 본사 공통 비율도 아무런 논리 없이

제각각 적용되었다. 더구나 금융 채권의 추심 계약직 성과 수수료가 유령 미등록자에게 지급되기도 했다. 관리 인력이 부족하니 누수가 곳곳에서 발견되는 것도 당연했다.

성장전략 부재에 따른 무모한 성장 추구는 결국 자본잠식으로 이어져 회사에 큰 성장통을 안겨주었다.

여행에서 만난 경영지혜

3장

조직 바로 세우기

회계 부정과 공금 횡령, 무수익 지점 방치

최소한의 인력으로 버텨온 회사여서 상호 견제나 내부 통제 시스템이 전무했다. 관리(회계, 재무, 급여, 인사, 총무) 팀장의 퇴직 직후에 회사 공금 횡령과 직원 퇴직금 착복 사건이 밝혀졌다. 퇴직 충당금 과소 적립은 적자 결산을 피하기 위한 회사 차원의 고육지책이었지만 금전 횡령은 개인의 비리였고, 상사나 부하도 전혀 사고를 인지하지 못하고 있었다.

한 퇴직자의 퇴직금 수령액에 대한 이의 제기가 발단이 되었다. 이 사건은 재직자의 DC 계좌 퇴직금 입금 분 중 일부를 본인 계좌로 빼돌리거나 친인척 명의의 유령 직원에게 급여를 지급하는 등 다양한 형태로 행해졌다. 내부 통제 강화, 회계 부실 정상화, 무수익 지점 정리 등 조직 바로 세우기가 급선무였다.

✓ **회계 부정, 땅에 떨어진 윤리 의식**
  감독원 보고 및 검찰 고발(민, 형사 소송 진행)

✓ **과거사 정리부터**
  미 적립 법정 퇴직 충당금 사후 적립(10억 원)
  퇴직 직원 및 재직자 퇴직금 과소 지급분 추가 지급
  (현금, DC 계좌: 1.7억 원)
  가공 직원 앞 급여 빼돌리기(검찰 고발, 3억 원)
  주주사의 배당 요구 거절(정도 경영 차원에서 미납 충당금부터 정리)

✓ **허물고 새로 짓기**
  임원 교체, 무수익 영업점 3개점 폐쇄, 직영 센터 개설
  카드 단기 연체 관리 센터 도급비 변동성 축소, 신규 거래처 확보

✓ **회사 정립을 위한 투자**
  채권 관리 시스템, 본사 이전, 직원 T/O 확대 등 신속한 투자 결정

✓ **동티베트 소통 워크숍**
  모기업 IT 본부와 협업 강화
  직원 사기 진작과 소통 강화

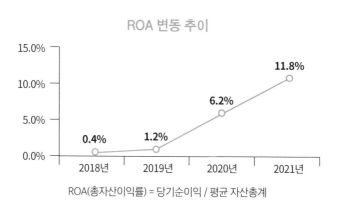

ROA 변동 추이

ROA(총자산이익률) = 당기순이익 / 평균 자산총계

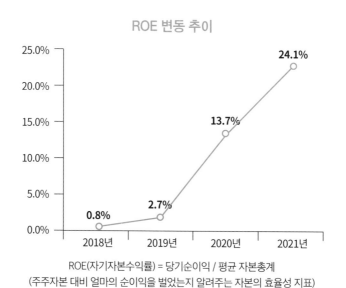

ROE 변동 추이

ROE(자기자본수익률) = 당기순이익 / 평균 자본총계
(주주자본 대비 얼마의 순이익을 벌었는지 알려주는 자본의 효율성 지표)

1. 회계 부정과 바닥난 윤리 의식

직원들의 퇴직금은 퇴직 충당금으로 회사 내부에 유보하거나 일부는 은행의 확정 기여형 퇴직연금 제도를 활용하여 외부에 적립하고 있다. 수년간의 경영 부실과 이에 따른 적자 결산을 모면하고자 충당금 적립액을 법정 요구 수준보다 낮게 충당하여 당기순이익을 흑자로 표기해 온 지 수년이 지났다.

하긴 대한민국 중소기업 대부분이 법정 요율에 충실한 퇴직 충당금 적립을 하지 못하고 있다고 한다. 엄격히 보자면 분식에 해당한다. 당시에는 주식회사 등의 외부 감사에 관한 법률 적용 대상도 아니고, 회사의 규모도 작아서 여기까지 왔지만 경영을 맡은 이후 최대의 급선무는 회사를 정상화하는 것이었다.

제1 금융권에서 오래 근무한 경험과 상식으로는 도저히 받아들이기 힘든 사안이었다. 하지만 누군가는 저지르고 또 다른 누군가는 정리하는 것이 조직의 생리다. 그러나 애써 새로 이룬 업적이 과거 정리에 보람 없이 매몰될 때면 아쉬움도 컸다. 경영자라면 누구나 소임 기간 중 반듯한 실적을 내서 시장에서의 자기 가치를 인정받고 싶어 한다.

한편 전문 경영자는 시장 평가 못지않게 주주의 평가도 중요하다. 깊은 속사정을 알게 된 주주가 회사의 상황을 바르게 인식하고 무한 신뢰를 주었기에 그나마 회사 살리기에 대한 열정을 이어갈 수 있었다.

'인불지이불온 불역군자호人不知而不慍 不亦君子呼; 남이 나를 알아주지 않는다고 서운해하지 않는다면 이 또한 군자가 아닌가'라는 논어 구절을 되뇌며 우보천리의 심정으로 경영관리에 임했다. 당시에 담당직원과 임원을 불러서 왜 법정 충당금 미 적립과 분식을 자행했는지 물어봤다. 법정 한도로 충당할 경우 자본 잠식이 밝혀지면 추가 자본 증자가 요구되고, 이 경우 50%의 지분을 가진 금융회사들의 추가 증자 동의를 받아내기가 힘든 것이 주된 사유라고 했다. 경영자들의 부실 경영으로 회사의 성장이나 수익성을 담보하지 못한 결과였다.

정확한 회계 관리로 주주에게 정확한 재무 보고를 해야 함에도 허위의 사실로 정상적인 회사로 둔갑하게 했으니 경영진의 대리인 비용이 매우 크게 발생한 경우다. 대주주는 이전 경영진의 경영 방식에 비교적 후한 평가를 했었다. 다만 K 은행의 카드 연체 관리 센터를 회사 창립 시부터 관리해왔는데 재입찰 과정에서 타사에 빼앗긴 건으로 전임 대표에게 아쉬움을 표했다고 한다. 경영진을 감시할 주주의 견제 기능이 충분하게 작동하지 못한 것이 궁극적으로 왜곡된 CEO 평가의 빌미가 되었다고 볼 수 있다.

그룹의 모기업 재무 담당 임원은 투자 계열사에 대한 경영 현황을 정확히 파악하고, 대주주인 그룹 회장께 정확한 보고가 이루어질 수 있도록 그룹 전체의 재무적 통제 장치를 마련할 필요가 있다.

부임 시에는 초미니 본사 조직으로 임직원 모두가 내부 통제라는 용어 자체를 모르고 있었다. 이런 상황이니 관리 팀장이 지출 결의된 직원들의 퇴직 연금을 일부 횡령하고 나머지 금액만 입금하는 등 있을 수 없는 일이 벌어졌다.

이 사건은 대전 카드 단기 연체 관리 콜센터에 근무했던 모 퇴직 여직원의 퇴직금 산정 오류 신고로 밝혀진 금전 횡령 사건으로 검토 결과 그 직원의 주장이 옳았다.

나머지 퇴사자와 재직자를 대상으로 퇴직금 지급액이나 충당 내역을 전수 조사하자 같은 방법으로 퇴직금을 절취당한 사람이 상당수였다. 적립이 과소하게 된 직원들을 상대로 사실을 알리면서 양해를 구하고 정상 적립금과의 차액과 그동안의 운용 실적을 추가하여 일시에 추가 적립하는 형태로 사안을 마무리지었다.

여행에서 만난 경영지혜

이뿐만 아니라 가공 명의의 사람을 급여 명세에 등록하고 매월 급여를 지급하는 형태로 공금을 빼돌렸으니 참으로 어처구니없는 회사였다. 당시 회계 업무를 보조하던 팀원이나 직속 임원은 수억 원에 달하는 팀장의 회사 자금 횡령을 전혀 인지하지 못하고 있었다. 특히 팀원의 부족과 폐쇄적인 업무 관행으로 상호 업무 협의나 견제가 전혀 이루어지지 않았기 때문이다.

2. 과거사 정리

직장 생활에서 '전임자가 저지른 일 뒤치다꺼리하다 날 샌다'는 말을 간혹 듣지만 나는 운 좋게도 그런 경험이 별로 없었다. 종종 전임 지점장이 일으킨 대출이 부실이 되어 공은 전임 점포장이, 과는 후임 점포장이 덮어쓰는 경우가 있기는 하다. 하지만 대부분 분별 있는 금융인들은 양심에 반하는 일을 경계하기 마련이다.

2017년 9월에 신용정보회사를 맡아서 기존의 임원들과 함께한 2018년의 경영 실적은 온전히 그 공과에 대한 책임이 CEO인 나에게 있다. 솔직히 모르는 업무를 탐색하고 초면의 임직원과 소통하면서 회사를 잘 가꾸고 좋은 회사로 만들어가겠다는 목표는 뚜렷했었다. 회사의 매출은 전년도 대비 35%가 성장했고, 수익은 전년도 대비 150%가 늘어났으니 업계 내에서 괄목할 성적이었다. 그런데 횡령과 적자 가중으로 비워둔 퇴직충당금을 추가 적립하다 보니 당기의 영업이익은 전년 대비 오히려 마이너스가 되었다. 참으로 황망한 일이다. 당기 수익 중 대부분을 과거에 빚어진 부정적인 문제해결에 전용했기에 당기에 쌓은 공든 탑의 모양새가 흐트러진 것이다.

이런 상황에서도 주주사는 수익이 났다면서 왜 주주 배당부터 하지 않느냐며 불만을 표했다. 과거에는 충당금 적립을 미루어 두고 주주사의 배당부터 해 왔던 모양이다. 물론 정도 경영에 반하는 일이다. 금융회사들은 여신의 부실 정도를 얼마만큼 엄격히 분류하느냐에 따라 대손충당금의 적립 규모가 달라지고, 당기의 손익 규모에 영향을 미친다. 그러나 직원들의 퇴직충당금은 대손 충당금과 달리 분류의 융통성이 전혀 없고 쌓느냐 안(못) 쌓느냐의 문제만 남게 된다.

이러다간 내가 맡은 2~3년간은 아무리 노력을 해도 '비단옷 입고 밤길 거니는 꼴'이 되고 말 운명이었다. 병든 환자를 누군가가 열심히 치료하고 돌봐서 기초 체력을 보강하면 다음에 누군가가 살도 찌우고 인물도 더 나게 다듬어 갈 수 있겠지?

세상에는 일을 만드는 자도 있고 또 이를 추스르는 자도 있다. 나로서는 미래의 성장을 위한 투자가 아니라 과거를 메우는 데 번 돈을 쏟아 넣어야 하니까 유쾌할 리 없었다. 초기 사세 확장을 위해 일부 저마진 채널 확보가 필요하다고 해도 과다하게 높은 현장 인건비와 원가 개념 없이 관리된 영업 채널 등 재무관리 문제 역시 심각했다. 관리 부재로 수익성에 구조적 결함을 안고 있는 조직이었다.

문제 해결을 위해서는 금융회사 단기 연체 채권 회수 업무에서 발생하는 매출액인 도급비의 적정성을 검토하고, 현장 인건비율을 잘 통제할 필요성이 있었다. 또 중장기 부실 금융 채권의 수탁 시 추심 직원에 대한 성과 연동 수수료의 효율적 통제가 중요하다. 그리고 채권별 속성 파악을 통해 채권 보유사와의 회수 위·수탁 계약 체결 시 적정 수수료율 확보도 중요하다.

업계를 선도하는 회사들은 이와 같은 기본기가 잘 갖추어져 단위 사업별 수익성 분석 및 예측 능력이 앞선다. 물론 전산화 등의 시스템 개선으로 더 정밀한 자료 백업이 이루어진다면 더 좋은 의사 결정을 내릴 수 있다.

3. 허물고 새로 짓기

임직원들의 자리 변동이 있고 난 뒤에 수년간 실적이 부진한 3개 지점도 폐쇄 절차를 밟았다. 매달 조금이라도 영업이익 기여가 있는데 군이 문을 닫게 할 필요가 있느냐는 실무자의 주장도 있었다. 관리·회계적 관점에서 보면 적자 점포들이다. 또 이들 점포는 별도의 대부 회사를 두고 추심 조직을 겸영하는 등 영업 질서를 어지럽히고 성장에 한계가 있어 과감하게 정리했다.

수익이 낮은 추심 영업 채널은 구조조정하고 새로운 추심 물량을 확보해서 직영 센터 중심으로 영업이익률을 높여 나가는 전략은 주효했다. 수수료 체계도 매출 규모별로 재조정했다. 매출 규모가 커질수록 구간별로 수수료율을 낮춰 적용하는 슬라이딩 수수료 체계를 도입해서 지점장들의 성취동기를 강화했다.

조정 전 우리 회사의 영업점 매출이익률은 우량 회사 대비 마이너스 3~4%에 이르고 있었다. 그러니 본사의 수익 구조가 좋아지기 어려웠다. 일부이긴 하지만 영업점장의 성과급 포함 연봉이 본사 임원의 2~3배 정도라서 본·지점 수익 배분 구조에서 위화감의 여지도 있었다.

한편 또 하나의 영업 채널인 금융회사 단기 연체 채권 회수 센터의 수익 구조도 회수 위탁 금융회사로부터 받는 도급비 대부분이 추심 직원들에게 돌아가 본사의 매출이익률이 6~7% 수준에 머물렀다. 영업이익률이 2~3%에 머물고 있으니 늘 수익성에 목마를 수밖에 없다. 수령하는 도급비에서 합리적으로 산정한 본사의 판매 관리비를 공제한 뒤에 나머지를 직원들의 몫으로 배분하고 회수 위탁 금융사들과의 협의로 도급비 현실화 노력을 병행했다.

다행스럽게 최근 메리츠그룹, 롯데그룹, KB금융계열사와 K Car 캐피탈 등 새로운 회사들의 추심 채권들이 하나씩 수임되고 있다. 이들 채권의 회수 경험이 회사의 업력으로 축적되면 향후 회사 영업에 긍정적인 역할을 할 것이다.

법적으로 채권의 추심 기한이 만료되는 시효완성 채권의 반환 등 민원성 채권에 대한 처리 방침을 명확하게 하고 독립 채산제 지점들의 업무 관행이 올바르게 정착되도록 사규를 정립했다. 본사에서 새로운 추심 물량 확보 시에는 가급적 본사 직영센터에서 회수하도록 방침을 정했다. 그리고 신규 추심 물량 확보 단계에서 수익 배분 구조를 깊이 들여다보고 본·지점이 윈윈하는 수수료 구조를 만들 수 있도록 수익성 관리 역량을 키워가고 있다.

4. 회사 정립을 위한 투자

우리 회사의 주주 구성은 5개 금융회사가 50%, 한국고용정보 (주)가 50%를 점하고 있다. 금융사들은 대부분 재무적 투자자로서 경영에는 관심이 없다. 따라서 50%를 보유한 대주주 한국고용정보(주)와 유기적으로 소통하면서 경영하는 체제를 갖추고 있다.

월 1회 KS그룹 통합 회의는 물론 주주사 대표가 참여하는 주간 영업 시너지 회의 등이 정례적으로 개최되고 또 연중 수차례 워크숍이나 관리자 연수 등이 함께 개최된다. 경영 전반에 자율 경영을 보장받고 있으나 임원 인사나 주요 경영 이슈는 전화나 티 미팅으로 대주주와 그때그때 의견을 나누고 협의하는 과정을 거친다. 한국고용정보는 창사 21주년 만에 동 업계 서열 4~5위에 오를 만큼 괄목할 성장을 거두었고 업계를 선도하는 좋은 회사이다.

반면 KS신용정보는 추심 전문 신용정보사 23개 사 중 창사 10년 차로 막내둥이에 해당한다. 그동안 축소 지향의 경영을 해온 관계로 회사가 갖추어야 할 기본 골격을 제대로 갖추지 못한 채 연명해왔다. 최근 4년간 우리 회사도 높은 성장을 지속하여 2021년도 말 기준 매출액이 업계 중위권으로 진입했다. 수익 구조도 개선되어 2020년 결산부터 주주 배당과 이익 잉여금의 내부 유보가 이루어지고 있다.

경영을 맡고 가장 크게 고민했던 일은 과연 투자 여력도 없는 회사가 신규 투자회사 존립에 필수 불가결하고도 긴요한 3종 투자: 전산 시스템 구축, 인력 증원, 본사 이전를 할 것인가, 한다면 어느 정도가 적정할 것인가의 문제였다. 줄이고 줄여서 명맥만 간신히 유지하던 조직을 그대로 이어갈 것인가, 아니면 회사다운 회사로 만들어 가기 위해 필요한 투자만큼은 실행하고 볼 것인가에 대한 고민이었다.

자본 잠식 상태에서 추가 자본 잠식을 야기하는 투자 결정을 내리기는 어려운 일이다. 더구나 추심업계의 수익성이 날로 나빠져 23개 회원사 중 매년 5~6개 사가 당기 순손실을 기록하고 있어 투자 판단에 신중을 요했다. 크게 벌려놓고 기존의 저수익성 비즈니스모델을 혁신하지 못하거나 정상 영업이익률을 기대할 수 있는 새로운 채권 물량이나 거래처를 확보하지 못한다면 회사는 망할 수밖에 없다. 청명에 죽으나 한식에 죽으나 죽기는 마찬가지다.

변화가 두려워 그대로 버티면 3~4년이면 절망적 결과에 봉착할 것이다. 반면에 변화를 수용하고 미래를 위한 투자에 나서면 CEO의 역량에 따라서 2~3년 안에 절망을 넘어 희망의 길로 들어설 수도 있다. 전자는 100% 완패로 끝나지만 후자는 절반의 성공 기회를 갖는 선택지다. 따라서 본사 이전에 이어 사업 본부별로 최소 인력을 충원하고 전산 개발에 나서기로 했다.

이런 배경으로 2018년 하반기 영업 전략회의에서 지점장들과 채권관리 시스템 개발에 대한 토론을 가졌다. 투자에도 불구하고 지점에서 시스템 활용도가 떨어지면 투자효율이 낮을 수밖에 없기에 개발 초기부터 지점장들의 적극적인 참여를 유도했다. 새로 뽑은 IT 인력 2명으로 회사 전체의 IT 업무를 이끌어가기에는 여전히 벅찬 일이지만 아쉬운 대로 개발과 유지보수에 나름의 역할을 해 낼 것이다.

H 렌탈 채권과 같이 양사 시스템 간에 호환이 필요한 경우나 시급한 단위 개발 업무는 주주사의 인력지원으로 꾸려가고 있다. 지원 인력은 정신없이 양사를 오가며 분투 중이지만 도움받는 자회사의 입장에서는 늘 아쉬운 부분이 있기 마련이다. 조직 간의 효율적 협업을 위해서는 무엇보다 상호 이해와 배려가 필요하다.

5. 소통 워크숍

채권 관리 시스템 개발을 위해 기존 시스템의 설계 파일인 소스코드 해독은 필수다. 프로그래밍 언어의 차이와 최초 개발자들의 이직으로 개발 일정이 지체되자 개발 총괄 매니저도 당혹해했다. 모기업 IT 본부 B 부장과 우리 회사 신 시스템 개발 인력과 함께한 점심 자리에서 단합 워크숍을 제안했다. 공명지조共命之鳥의 교훈이 필요한 워크숍이니 불교 문화의 전통이 살아 있는 동티베트로 떠나기로 했다.

불교 경전에 등장하는 공명지조는 머리가 둘 달린 새다. 한 머리는 낮에 일어나고 다른 머리는 밤에 일어난다. 한 머리가 몸을 위해 항상 좋은 열매를 챙겨 먹자 질투가 난 다른 머리가 몰래 독이 든 열매를 먹는 바람에 결국 머리 둘 달린 새는 죽고 말았다고 한다. 어느 한 쪽이 없어지면 자기 혼자 잘 살아남을 것으로 생각하기 쉽지만, 자회사가 잘되면 모회사도 함께 좋아지는 공동운명체임을 일깨우고 싶었다.

성도에서 동티베트 지역을 시계 방향대로 돌기로 했다. 2019년 8월에 성도 공항으로 입국해 공항 인근 숙소에 여장을 푸니 저녁 때가 되었다. 공항 앞 숙소 부근 현지 골목 식당을 물색했다. 식당의 외관은 볼품없었지만 요리하는 주인장의 체격은 다부져 보였다. 중국요리는 불에 튀기고 볶는 요리들이 많아 팔과 손목의 근력이 좋아야 좋은 요리를 만들 수 있다고 들었다. 그러니 이 집 요리 틀림없이 맛이 일품일 것이라며 자리에 앉았다.

한자를 보고서 대충 음식을 주문했고 모두가 잘 먹었다. 곁들인 백주 한잔은 여정의 시작을 더욱 들뜨게 했다. 다음 날 새벽 7시에 출발한 럭키에어는 중간 기착지 캉딩 공항에 우리 일행을 내려주고 곧장 설산 너머 라싸 쪽으로 사라졌다.

해발 약 4,200미터의 공항에 내리자마자 모두가 심한 고산증을 느꼈다. 핏기가 가신 창백한 얼굴로 몇몇은 머리가 어지럽고 메스꺼움을 느낀다고 했다. 다행히 공항보다 고도가 낮은 마을로 여정이 이어져 조금씩 생기를 회복하기 시작했다.

시간 절약을 위해서 캉딩 마을은 건너뛰고 이도교진 마을로 직행했다. 이도교진 마을은 아름다운 경치로 전문 사진작가들의 출사지로 각광 받는 곳이다. 택시 두 대에 7명이 분승하여 이도교진 마을을 향해 달렸다. 그러나 우리가 하차한 이후에 무려 30분이 지나도 다른 차에 탄 일행들이 오지 않았다. 전화로 서로 소통은 했지만 모두 초행길이라 위치 설명도 어렵고 들어본들 소재 파악이 어려웠다. 하차 장소의 주변 사진을 찍어 보내

여행에서 만난 경영지혜

라고 했더니 마을에 진입하기 전인 동네 어귀의 이도교진 다리 위에서 기다리고 있었다. 왜 택시 기사가 일행들을 다리 부근에 하차시켰는지 이해가 되지 않았다.

차를 빌려 마을 어귀의 이도교진 다리까지 픽업을 나갔다. 긴장 상태로 바삐 움직이다가 휴대폰 분실 사고 등 잠시 혼란도 있었지만 만들고 개척해 가는 여정을 통해 우리는 서로를 더 빨리 알아가고 이해하기 시작했다.

하나의 공동체가 되는 여정

이도교진에서 티베트 양식 사원을 둘러본 뒤에 마을 중심의 현지 식당에서 점심을 먹고 타공塔公으로 출발했다. 사원과 초원을 뒤덮은 룽다, 타르쵸, 초르텐 그리고 멀리 아라설산을 바라보면서 티벳 불교의 매력에 흠뻑 빠져들었다.

고산증이 심한 3명이 숙소에서 기력을 회복하는 동안 나머지 3명은 초원 트레킹에 나섰다. 그런데 트레킹 후 숙소로 돌아오니 3명 모두 증세가 더 심해져 있었다. 오한 발열에 심지어 구토까지 하는 사람이 있어 하산을 심각하게 고려하지 않을 수 없었다. 직원들을 긴급 소집해서 사유 설명과 동의를 구한 뒤에 땅거미가 내리는 시간에 500위안에 차량을 수배하여 곧장 단바로 출발했다. 타공에서 팔미빠메이를 거쳐 단바로 이어지는 길가의 풍경은 한 폭의 동양화와도 같았지만 감탄할 여유조차 없었다. 팔미를 조금 더 지나면 그때부터는 급격하게 고도가 낮아지고 깊은 계곡 속을 줄곧 내달리는 길이다.

밤 9시 30분경 드디어 단바 자룽대교 앞에서 하차한 뒤에 서둘러 현지 식당을 찾았다. 고산증세에 시달렸던 일행은 고도가 낮아지자 두통도 사라지고 기력을 되찾았지만 식욕을 되찾기에는 조금 더 시간이 필요했다. 저녁밥에 곁들인 랑주郎酒 몇 잔에 단바의 밤은 아름답게 채색되었고 또 서먹했던 분위기에도 화기가 돌기 시작했다.

이튿날 갑거장채, 중로, 쉬포 등 단바의 대표적인 아름다운 마을들을 대절 차량으로 둘러보았다. 단바는 아름다운 자태를 자랑하는 젊은 여성들로 인해 미인곡으로 알려진 곳이기도 하다.

약 160호의 가융장족 전통 가옥들인 조방으로 이루어진 갑거장채 마을은 화려한 채색과 지붕의 네 귀가 하늘로 솟은 특이한 건축 양식을 자랑하고 있었다. 하지만 이미 휩쓸고 간 상업화의 물결은 대부분의 고택을 숙박업소로 바꾸어 놓은 터였다.

이에 반해 중로나 쉬포 마을은 조루라는 망루가 아직도 많이 건재하고 있었다. 전시에 가족의 안전을 도모하고 평시에는 부와 권위의 상징으로 여겨진 특이한 건축물이다.

다음 날 아침 단바에서 장장 7시간이 소요되는 성도 행 시외

버스에 탑승했다. 그러나 해발 3,800미터 파랑새 터널을 통과하자 차량들이 일제히 멈춰 섰다. 앞에서 도로공사를 한다고 통제하는 바람에 오후 2시 도착 예정인 버스가 저녁 10시경에 도착했다. 장장 8시간을 버스 안에서 허비했다. 그러나 중국 사람들은 군말 없이 잘 참았다. 여기가 사회주의 통제국가이고 중국 땅임을 실감하게 했다.

수년 전 아내와 함께 중국 운남성으로 여행을 갔을 때 일이다. 그때도 장시간 버스로 이동했는데 도로공사에 발목이 잡혀서 여러 시간을 길에서 보냈다. 당시 급하게 현지 화장실을 다녀온 아내는 그 뒤로는 중국에서 버스로 장거리 이동을 할 때면 물이나 음식을 절대 먹지 않는 습관이 생겼다. 그때 아내는 문짝도 없이 여러 명이 줄지어 앉아 볼일을 보는 기차놀이 형 화장실 구조에 큰 충격을 받았다고 했다.

우리는 성도 인민광장 부근의 숙소에 여장을 풀고 인근의 유명 훠궈집에서 늦은 저녁 시간을 가졌다. 그동안 이동 차량에서 혹은 룸메이트로 번갈아 가며 함께한 여정은 양사 IT 직원들 간에 상호 이해의 알찬 시간이 되었다. 그리고 동행한 전략 L 팀장과 재무회계 K 팀장을 통해 회사의 전략과 재무 부분에 대해서도 이해를 높이는 소중한 워크숍이 되었다.

4장

신규 사업의
실패와 성공

1. 실패 사례 :
말레이시아 여행과 넥스트 자산관리

과욕이 부른 위험

가끔 혼자 여행을 하다보면 다양한 위험과 마주친다. 여행 중에는 늘 경각심을 갖게 되는데 이 역시 말레이시아 여행에서 얻은 소중한 경험 덕분이다.

오래전의 일이다. 인도네시아 빈탄으로 회사에서 보내준 단체 연수를 갔다가 귀국 길에 창이공항에서 나만 혼자 남았다. 주말 동안 말레이시아 조호바루를 여행하고 싶었다. 사고 발생 시 본인이 책임을 지겠다는 여행사의 각서에 사인을 하고나니 인솔자가 여권과 항공권을 돌려주었다. 공항에서 항공권을 바꾸고 곧장 센토사섬을 둘러본 뒤 숙소에서 여장을 풀었다.

이튿날 버스 편으로 말레이시아 조호바루로 넘어갔다. 우선 술탄 이브라힘 왕궁부터 찾았다. 주말인데도 생각보다 한산했다. 왕궁 앞 정원을 거니는데 승용차가 다가오더니 어느 나라에서 왔냐면서 관심을 보였다. 이어서 몇 마디를 더 주고받았다.

"왕궁 둘러봤나?" "아직, 지금 한 바퀴 둘러보려고" 그리고 돌아서는데 경적을 살짝 울리며 "경내를 한 바퀴 돌려면 시간 걸리니 내 차로 한 바퀴 돌래? 나도 주말에 놀러 나왔으니 얘기도 나눌 겸" "Really? free or charge?" "Friend! of course free." 그리하여 별다른 거부감 없이 운전석 옆에 앉았다.

하필 오늘이 국경일이라서 왕궁 내부의 건물들은 개방하지 않는다고 했다. "Really? That's too bad." 이러는 사이 건물에 대한 설명이나 안내도 없이 왕궁 정문으로 향하면서 엉뚱한 말을 던졌다. 일주일 전에 일본 여자 관광객이 혼자 여행하다 왕궁 주변에서 피살된 사건이 있었다고 했다.

차가 정문을 빠져나올 때쯤 이젠 내려야겠다고 마음먹고 있는데 또 말을 걸었다. "너, 푸트리 항구 안 가봤으면 한 바퀴 돌면서 구경시켜 줄게. 정말 멋진 곳이야." "아니, 내려줘. 나 시간 많아서 버스 타고 천천히 돌아볼래." "이 차로 편안하게 금방 돌아볼 수 있는데 그래?, 돈 필요 없어." 거듭 내리겠다고 하니 그의 강권도 멈추었고 그렇게 우리는 헤어졌다.

여행 중에 만나는 지나친 호의는 일단 경계해야 한다. 왕궁 앞 버스 정거장으로 걸어가는데 시커먼 먹구름이 몰려오더니 순식간에 짙은 어둠이 깔렸다. 그리고 후드득 빗방울이 떨어지기 시작했다. 뛰어서 정거장 비가림막 밑에 몸을 숨기자 양동이로 물을 쏟아붓듯이 열대의 스콜이 시작되었다.

젊은 청년 한 사람이 버스를 기다리고 있었다. 5분이 지나고 근 10분이 지나도 버스는 오지 않고 폭우는 그칠 줄을 몰랐다. 차량도 사람도 완전히 사라진 길은 폭우로 금세 강이 되었다. 그때 승용차 한 대가 다가왔다. 속도를 늦추기에 "싱가폴행 버스터미널"을 외쳤다. 차 문을 여니까 왕궁에서 만난 그 사람이었다. 반가운 마음과 경계의 마음이 교차했지만 한시바삐 그곳을 벗어나고 싶은 마음에 일단 차에 올랐다. 그런데 옆에 있던 청년도 말없이 뒷좌석에 오르는 게 아닌가. 뭐지? 이 청년은 왜 타지? 순간 머리가 복잡해졌다. 차는 출발했고 시내와는 다른 방향으로 가는 느낌이 들었다.

뒷좌석 청년이 여권을 보여줄 수 있냐고 말을 걸었다. 거부했다. 싱가폴행 버스 터미널로 가야 한다고 운전자에게 말했지만 듣는 둥 마는 둥 했다. 잠깐 침묵이 흐르는 사이에 차가 고속도로 요금소를 접어들고 있었다. 속도를 떨어뜨릴 때 문을 열고 신발을 땅에 끌며 내리겠다고 고함쳤다. 주변 차들에서 보내는 사람들의 시선이 집중되니 몇 마디 주고받던 두 사람은 급히 나를 내려놓고 욕을 하며 쏜살같이 도망갔다. 마침 반대편에서 오는 빈 택시를 세워 터미널까지 갔다. 등에 식은땀이 흥건했고 싱가폴행 버스가 출발할 때까지 불안이 완전히 가시지 않았다.

오랜 시간이 지난 지금도 가끔 생각나는 오싹한 경험이자 추억이다.

개인이나 기업이나 욕심이 지나치면 시도하지 않은 것보다 못한 결과를 초래하기도 한다. 단체팀에서 혼자 이탈한 무리한 여행 경험처럼 시장 위험과 운영 위험을 고려하지 못한 넥스트 자산관리(주) 설립도 과욕이 부른 화를 피해 가지 못했다. 말레이사아 여행 후 한두 곳 명소를 더 보고자 무리한 일정을 잡거나 생소한 여행지를 밤에 혼자 다니는 등 여행에 과욕을 부리는 일은 없어졌다.

충성도가 필요한 이유

2018년 5월 M 사에서 회수해오던 U 대부자산 소유의 H 캐피탈 연체 채권을 넘겨받는 과정에서 사업성 검토 차 책임자 회의를 여러 차례 열었다.

M 사의 월별 회수율 자료를 구해오고 우리 회사 수임 시 회수율 시뮬레이션과 비용 산정 등 다양한 분석이 이루어졌다. 그러나 M 사의 회수율은 회생 채권이 일부 포함된 회수율이었다. U 사가 동 채권을 우리 회사로 넘겨주면서 회수가 용이한 회생 채권은 U 사 추심팀에서 직접 관리하기로 했다. 그러니 M 사 회수율에서 회생 채권 회수율은 차감하는 것이 옳았다. 담당 상무의

회생 채권이 포함된 부풀린 회수율 정보로 결국 사업성 분석이 무의미하게 변질되고 말았다. 그 채권은 유동화 된 자산이어서 신용조사업 라이선스만으로 수임이 불가능해 부득이 자산관리 회사를 설립했다. 자산관리 회사를 설립하면 제반 관리비가 발생하므로 해당 채권 외에 다른 유동화 채권을 더 수임해야 규모의 경제로 수익이 나는 구조였다. 추가 유동화 채권 수임이 담보되지 않은 상황에서 회사 설립은 실익이 없다고 판단했다.

이러한 판단을 세웠다면 확고한 의지를 표명하고 사업을 접어야 했다. 그럼에도 한편으론 주요 거래처인 U 대부사의 입장을 도외시할 수 없는 상황에 처하기도 했고, 또 자회사인 자산관리 회사의 대표이사 자리에 우리 회사의 전임 사장을 보임할 여지도 생겼다. 나아가 수익은 불확실하지만, 매출이 보장되는 우리 회사의 대형 지점을 신설할 수 있다는 담당 임원의 열정은 달콤한 유혹으로 다가왔다. 이렇게 하여 마치 눈에 뭐가 쓰이듯 넥스트 자산관리㈜와 KS신용정보 신촌 지점이 출범했다.

넥스트 자산관리㈜가 수탁한 연체 채권의 회수를 전담하기 위해 개설된 우리 회사 신촌 지점은 회수율 증대와 고정비 절감을 위해 지점장, 행정 직원 교체와 사무실 축소 이전 등 다양한 노력을 시도했지만 2020년에 들어와서야 손익분기점 수준에 간신히 도달했다. 회수율 예측 착오로 우리 회사는 2년 6개월 동안 적지 않은 영업 손실을 보았다.

모르거나 자신 없는 업무는 섣불리 취급하지 않는 것이 보수적인 금융업의 속성이다. 이 일을 겪으면서 임직원의 회사 충성도가 얼마나 중요한지를 한 번 더 생각하는 계기가 되었다. 금융회사에서는 예측 가능한 위험은 대손충당금으로 대응하고 예상할 수 없는 미래 위험에는 자본금으로 대처한다. 기업 이익의 내부 유보로 자본을 충실하게 해야 하는 이유가 바로 여기에 있다.

2. 신사업 성공 사례

① 신사업 성공 인자

신사업이 성공하려면 좋은 판단과 강한 추진력이 병행되어야 한다. 나아가 운도 따라주면 금상첨화일 것이다.

수원 영통 지점장 시절의 일이다. 당시 2층에 소재한 은행 지점 위 3층에 예고 없이 유흥주점이 들어왔다. 영업시간이 서로 엇갈려 문제 될 것은 없었지만 유흥주점 간판이 은행 정면 간판 상단을 약 10센티미터 정도 덮어 미관을 해치고 있었다. 이런 무례한 업주가 있나 싶었다. 간판을 줄여서 재설치하라고 부탁했지만 들은 척도 않았다. 우락부락한 유흥 업주를 상대로 싸울 수 없는 일이었기에 수원시청 담당과에 행정 지도를 요구하는 문서를 발송했다. 반응이 느려 재차 문서를 발송하고 또 민원 접수 후 처리 시한까지 따지면서 강력하게 행정 지도를 요구했다. 결국 시에서 강제 철거에 나서 유흥주점 간판을 내렸다. 만약 건물 주인이나 거친 유흥주점 업주를 상대로 지속해서 간판 철거를 요구했다면 뜻은 이루지 못한 채 큰 싸움만 벌어졌을 것이다.

일을 성사시키기 위한 효과적인 방법을 찾고 합리적인 설득과 끈질긴 노력이 함께 해야만 영업이나 신사업도 희망을 걸 수 있다. 영통 지점은 상가 이면도로 건물 2층에 소재하여 고객 출입이 원활치 못했고 대고객 노출이나 접근성도 낮았다.

영통대로변에 홈플러스 건물이 착공될 시점에 강남 역삼동 소재 테스코 한국 본사를 찾아가 입점을 타진했으나 단번에 거절당했다. 은행 영업장을 1층에 두면 이른 저녁 소등으로 상권이 죽기 때문에 영국 테스코 본사의 정책상 명확하게 입점 불가 업종에 해당한다고 했다. 그래서 층별로 2~3개 은행의 현금 자동 입출금기만 설치할 계획이라고 했다.

일단 K 은행과 E 은행이 층별로 자동화기기를 설치하기로 했다. 적어도 10회 이상은 테스코 한국 본사를 찾았고 담당자들이

귀찮을 정도로 제안과 수정 제안을 거듭했다. 홈플러스 정문 입구 옆에 2~3평의 소형 공간만 임차하여 직원 1명을 배치하여 금융 상담소를 운영하겠다는 제안이 우여곡절 끝에 수용되었다.

이렇게 시작된 공간 확보가 출장소 규모로 확대되고 결국 소형 지점이 들어갈 정도로까지 확대되었다. 소매 및 가계 금융에 강한 K 은행의 고객 다수가 주부층이고, 또 홈플러스 잠재고객임을 역설했다. 고객 수와 성별 연령대별 소득별 고객 분석을 토대로 테스코 한국 본사 담당자를 설득한 것이 주효했는지 마침내 영국 본사에서도 고객 시너지를 기대하며 한국의 특수성을 용인했다.

지점 이전 후 기대 이상의 고객 시너지가 나타났다. 홈플러스를 방문하는 고객들이 1층 은행에 들러 통장을 개설했고, 필요한 금융거래를 하고 갔다. 특히 번호표 뽑고 난 후 대기하는 시간에 위층에서 상품을 구매함으로써 시간을 효율적으로 활용하기에 좋았다. 은행일 보러왔던 고객은 은행 볼일 보러 왔다가 홈플러스를 찾아 쇼핑을 즐기니 완벽한 시너지 효과였다.

지점 이전 이후 3개월 동안 신규고객 계좌 개설이 폭발적으로 늘어났고 홈플러스도 내점 고객과 매출이 괄목할 만큼 불어났다. 결국 점포 이전 후 6개월 뒤에 K 은행과 테스코 한국 본사 간에 향후 홈플러스 지점 개설 시에는 K 은행에 입점 우선권을 부여하는 양해각서까지 작성되었다.

연이어 부천 홈플러스가 개점되었고, 당연히 K 은행 부천 상동 지점이 입점하여 문전성시를 이루었다. 이전 후에 영통 지점의 업적 신장률은 전국 1위를 달렸고 업적평가 5연속 S등급을 달성하는 전례 없는 성적을 거두었다.

② 집단 대출 계약서 작성 대행 업무

2017년 9월에 회사 경영을 맡고부터 새로운 수익원 발굴에 대해 직원들과 여러 차례 의논했지만 이렇다 할 대안을 마련하지 못했다. 추심 전문 23개 신용정보사의 수행 업무 목록을 펼쳐놓고 당사가 새로 도입할 부대 업무가 없는지를 살폈지만 마땅한 답을 찾지 못했다.

신용조사업 이외의 부대 업무도 모두 금융당국의 인허가 사항이어서 그 벽을 넘기가 만만치 않았다. 특히 경쟁사 중 일부 회사가 운영 중인 일반 콜센터도 이미 인가된 업체 이외에 신규 업체 인가는 전혀 불가한 상태였다.

협회 차원에서 여러 차례 금융위에 신규 인가를 건의하기도 했으나 기득권 업체들의 이해와 상충 되어 원하는 답을 못 구하고 있었다. 2017년 말경 아파트 중도금 대출, 재개발, 재건축 조합원 대출 등 집단대출 계약서 작성 및 징구 대행 업무를 새로 취급하기 위해서 금감원에 신고 절차를 밟았다. 그리고 곧 K 저축은행과 집단대출 자서 업무 대행 협약을 맺었다.

K 저축은행과의 협약 체결은 추후 타 금융사들과의 신규 협약에 후광효과를 기대할 수 있댔다. 당시 저축은행 대표의 신속한 의사결정 덕분에 협의 3~4일 만에 협약을 체결할 수 있었다. 이후 K 저축은행에서 대출 승인된 용인과 부산 지역 오피스텔 각 수백 세대의 입주자 대상 집단대출 자서 대행 업무를 취급해 업력을 쌓기 시작했다.

K 은행에서도 지점에서 발생하는 집단대출 자서 업무를 지원하고자 본사에서 25명 내외의 계약직 별동 팀을 구성하여 운용 중이었다. 정규직 전환 채용 부담으로 계약 후 2년이 경과되면 계약 해지 후 소정 기간 경과 후 다시 채용하는 절차를 반복하는 등 노무 관리에 어려움을 겪고 있었다. 따라서 동 업무를 아웃소싱 검토 중이라는 소문은 있었으나 가시적인 진척은 없었다. 문재인 정부의 선거 공약인 비정규직의 정규직화를 정부 차원에서 적극 계도 하던 때라 선뜻 외주 전환에 나서기 어려웠을 것이란 생각이 들었다.

우여곡절 끝에 업무 위수탁을 위한 입찰 공고가 났다. 동 업무 취급 시의 사업성 분석은 은행과 카드사 근무 경험이 풍부한 P 본부장에게 맡겼다. 건당 취급 원가 산정 및 수수료 협상, 불규칙하게 발생하는 업무의 발생 빈도 예측, 동 업무를 수행하기 위한 직원 채용 규모와 운영 효율성 제고 방안, 전체 자서 물량 추정 등 여러 고려 사항들이 많았다.

특히 정부의 아파트 가격 인상에 대한 부정적 시각과 가계대출 억제책에 따른 분양 물량이나 분양 시기 조정 등 여러 가지 변수들도 많았다. 주택건설협회의 공동주택 공급계획 자료까지 수집하여 다각도의 분석과 추정을 해 보라고 요구했다.

여러 자료와 은행의 설명 등을 종합하여 추정한 P 본부장의 사업성 분석은 풀타임 계약 인력 2명과 시간제 6명을 1년 단위로 계약해서 운용하면 첫해 약 8천만 원의 영업이익이 추정된다는 내용이었다. 내 생각에는 다소 낙관적인 분석으로 보였다. 더구나 본부장의 사업안에는 직원 출퇴근 전용 차량 렌트까지 포함되어 있었는데 혹독한 구조조정을 거치지 않고는 살아남기 힘든 안이었다.

계약 인력의 계약 기간을 6개월로 줄여서 신규 사업의 불확실성을 줄였다. 당사자들에게 이미 공지된 내용을 번복함으로써 체면을 구겼지만 사업 안정화를 위해 불가피한 조치였다. 한 달을 운용해보니 남는 장사가 아니었다. 불규칙한 업무 발생 빈도와 지방 지역 업무 처리에 소요되는 출장비가 큰 요인이었다. 무엇보다 인력 운용의 효율성을 높이는 것이 선결 과제였다.

여행에서 만난 경영지혜

월별 자서 발생 사업장은 3~4곳에 불과한데 인당 실투입 1일 당 00원의 도급비로 상시 고용 인력을 운용하다 보니 일이 없을 때에도 비용이 발생하는 구조여서 수익성은 악화될 수밖에 없었다. 더군다나 지방 사업장의 경우에는 교통비와 숙박료까지 더 큰 부담을 지고 있는 터였다.

하지만 궁 즉 통! K 은행에서 대출계약서 작성 경험이 풍부한 명예퇴직 지점장들을 지방 거점 인력으로 확보하기로 했다. 지역별 일당직 풀 구성 작업을 지시하니 후임 B 본부장이 은행 방침을 들어 난색을 표명하며 머뭇거렸다. 밀고 나가지 않으면 신사업이 실패할 풍전등화의 순간이었다.

결국 부산지구, 대구지구, 광주지구 등 지방 지역별 5~6명의 지역 거점 자서팀을 구성했다. 본사 관리자만 출장하여 현장 지도를 하고 자서 업무는 해당 지역 인력을 활용하니 시행 6개월 이후부터 손익 분기점을 넘기고 어느 정도 안정화 단계로 접어들었다. 인력 운용 체계의 대전환으로 적자의 늪에 빠질 뻔한 사업을 수익이 나는 사업으로 탈바꿈시킨 것이다.

이처럼 모든 사업에는 숨겨진 비즈니스 위험이 존재하므로 감이나 막연한 기대만으로 새로운 사업을 추진해서는 안 된다.

당시 은행 담당자는 아파트 등 집단대출 계약서 작성 업무의 작업 완결성과 책임성을 염두에 두고 정규직으로 운용 기준을 제시했다. 정규직으로 운용 시에는 4대 보험료 부담과 고정비 증가로 동 사업을 반환해야 할 구조였기에 적극적인 설득에 나섰다. 업무의 발생이 매우 불규칙 한 점, 비록 일당직이지만 경험이 풍부하고 신뢰감이 높은 은행 지점장 경력자이므로 경험 적은 계약 정규직보다 안정적임을 역설했다. 결국 우리 회사의 간곡한 설명을 수용해 주었다. 담당자의 유연한 사고 덕택에 동 사업은 은행과 우리 회사, K 은행 명예퇴직 지점장들 간에 3자 가 서로 윈윈하는 구조로 정착되었다.

생명보험회사와 대부업체 근무 경력 보유자인 신임 B 본부장 은 세심하고 내성적인 스타일로 사무 처리 역량이 좋았다. 그런 데 자서 대행 업무관리만 맡기자니 업무 분담이 너무 적고, 현장 의 자서 대행 업무를 동시에 맡기자니 체력적으로 벅차 보였다. 이처럼 애매한 상황에서 신규 사업의 가능성을 낮게 본 그가 다 른 회사로 전직하겠다고 했다.

후임은 관리업무와 현장 업무를 아우를 수 있는 은행원 출신 여자 팀장을 채용하기로 했다. 과거 지점장 시절 육아 문제로 명예퇴직했으나 지금은 자녀 교육을 끝낸 J 팀장이 떠올랐다. 전임자와 달리 은행의 담당자에게도 회사의 입장과 인력 운용 상의 애로 사항을 여과 없이 잘 전달했고 업무 추진에도 거침이 없었다. 또 업무의 재위임 없이 정규직으로 운용 시 4대 보험 부

여행에서 만난 경영지혜

담 등으로 적자 사업이 될 수밖에 없음을 은행 측 실무자에게도 잘 설명하여 은행 측의 재위임 허락을 얻어내는데 기여한 바가 크다. 이런 노력이 반영되어 자서 대행 사업은 수익성 면에서도 곧 안정을 찾아갔다.

③ H 렌탈 채권 회수 업무

우리 회사는 지금까지 렌탈 채권 회수 경험이 없었다. 렌탈 채권은 월 사용료를 지불하고 렌트사 소유의 정수기나 공기청정기 등을 구독하던 소비자가 이사나 폐업으로 월 사용료를 미납할 경우에 발생한다. 채권의 속성은 소액 채권이면서 회수율은 높은 편이다.

현대그룹 H 임원이 우리 회사의 렌탈 채권 회수 경험 부재에도 불구하고 개인적 신뢰를 바탕으로 회수 위임을 맡겨주었다. 이로써 새로운 유형의 채권관리 역량을 축적하게 되었다. 초기에 관리사 2명분의 물량을 확보하고 지점에 재위임을 검토하다가 본사 직영 체계로 운영하기로 했다.

신규 사업 수지 분석 결과 회수 수수료의 최소 25% 이상을 본사 수익으로 계상할 수 있었다. 상사 채권과 금융 채권을 담당하는 독립채산형 점포의 평균 본사 공통비율은 매출액의 8~12%에 머문다.

H 렌탈 채권과 같이 본사 직영 회수조직을 구축하여 운용하면 훨씬 높은 회사 수익률을 기대할 수 있다. 본사 영업에 대한 부가 가치를 독립채산형 지점이 아닌 회사가 직접 향유하므로 회수금의 25~30%의 고마진을 기대할 수 있다.

또 기존 독립채산형 점포 중심의 영업 구조에서 본사 직영 체계를 구축해 나간다면 수익성에 더하여 회사의 조직 운용역량을 배가시킬 수 있다.

④ K Car 오토론 채권, L 카드, K 캐피탈 채권 등

평소 주변 사람들에게 좋은 인상을 남기고 신뢰를 구축하는 일은 삶의 보람이자 무형의 자산을 쌓는 일이다. 공직에 근무하는 K 후배는 그런 면에서 본받을 점이 많다. 친구를 보면서 그 사람이 어떤지를 짐작하듯이 직장인은 세평을 통해 자신만의 향기를 가진다.

한동안 쉬다가 신용정보사로 전직한 나에게 K 후배는 무슨 일을 하는 회사 인지를 물어왔다. 설명을 듣고 난 뒤에 설마 이런 어려운 일을 맡고 있으리라는 생각은 미처 못 했다는 반응을 보였다. 며칠 뒤 우리 업무에 도움이 될 지인을 소개해 새로운 업무를 취급하는 계기가 되었다.

지점장 본인의 영업 역량으로 확보한 오토 채권을 전문으로 취급하는 독립채산형 영업점의 경우에 본사 공통비율은 한 자릿수에 머문다. 본사 영업역량으로 오토론 채권 물량을 확보하고 본사 직영 회수조직을 가동할 때 매출이익률은 대폭 상승한다. 회사의 회수 수탁 자산이 다양해지면 회수 역량도 더 다양해지고 조직의 발전으로 이어진다. K Car 오토론 채권 회수 수탁은 고수익성 추심 자산으로 미래 수익원으로 잘 키워가야 할 부문이다.

L 카드 인천, 수원 지점 대손 및 연체 채권 조직 인수 후 계약직 정규직원을 추심 위임직으로 전환했다. 이로써 고정비를 줄이는 대신 성과에 연동된 변동비를 높임으로써 판매 관리비의 관리 효율을 대폭 높였다. K 캐피탈 연체 채권과 E 저축은행 신용채권을 수임 받아 독립채산형 지점이 아닌 본사 직영의 회수 센터를 활용하여 회수 활동에 나섰다.

CEO를 중심으로 임원들이 금융채권 영업에 나서고 또 이를 본사 직영 센터에서 회수하자 본사 직원들의 영업 마인드도 한층 높아지고 있다. 특히 직영 센터장은 유능한 추심 종사자 채용은 물론 직할하는 수임 채권의 위임사와 유기적인 소통 채널을 구축해가고 있다. 본사 직할 추심 센터는 우리 회사의 중요한 영업 채널이자 수익 채널로 성장해 가고 있다.

과거 재직했던 카드사의 추심 물량은 우리 회사의 창립 당시부터 맡아왔던 단기 연체 관리 인력만을 그대로 운용 중이다. 물론 직원들은 내심 더 많은 수주를 기대하고 있을 수도 있다. 자연스럽게 기회가 오면 모를 일이지만 염치없이 후배들에게 부탁해서 경쟁사와의 마찰로 이어지는 일은 바람직하지 못하다. 단기 연체를 전담하는 우리가 장기 연체 물량까지 요구한다는 것은 과욕으로 읽힐 수 있다.

벌써 2년 전의 일이다. K 금융그룹에서 인수 후 K 캐피탈로 사명이 변경된 W 사는 인연이 전혀 없는 회사다. 어느 날 우리 회사 담당자가 거래를 위해 노력 중인데 연결이 안 된다면서 지원을 부탁했다. 직원이 거래처를 넓히겠다면서 도움을 요청하는데 CEO가 모르는 체할 수는 없는 노릇이다. 그렇다고 옛 직장 후배들에게 부담을 줄 수 있는 일을 거리낌 없이 부탁하는 일도 자중해야 할 일이다. 다행히 운과 연이 닿아서 채권을 수임받았고 좋은 회수율로 호응하고 있다.

⑤ N 카드 단기 연체 관리 업무 수임

모기업의 연계 마케팅 노력에 힘입어 무려 4년 만에 N 카드 단기 연체 관리업무에 우리 회사가 일부 참여하기로 했다. 기존 2개 사가 수행해 오던 관리업무를 양사에서 일부분 떼어내어 우리 회사가 맡기로 한 것이다.

치열한 회수 경쟁을 통해 승자는 살아남고 패자는 탈락하는 채권관리업계의 현실도 냉정하기 짝이 없다. 우리 회사는 단기 연체 관리에 경험과 노하우가 많은 편이다. 선도 금융그룹 소속 은행과 카드사의 단기 연체 관리를 맡아오면서 도급사의 까다로운 '요구 서비스 수준'을 충족해 온 나름의 노력이 쌓인 결과로 볼 수 있다.

앞으로는 센터를 이끌어가는 매니저의 리더십 역량을 자주 모니터링하고 센터의 회수 실적을 경쟁 양사와 비교 평가하여 부진한 부문이 없는지를 잘 살펴야 한다. 또 시기에 맞는 인센티브 부여 방안으로 프로모션을 제시하는 등 본사의 면밀한 센터 관리 역량은 절대적으로 중요하며 곧 회수 실적으로 연결된다. 아울러 센터 소속 상담사들의 합리적인 급여 테이블도 조직 활성화에 매우 중요한 포인트다.

기본급과 성과급의 구성 비율은 조직 안정화와 성과 최대화라는 이율배반적 목표 달성에 치명적으로 중요하다. 직무의 난이도나 속성 그리고 직원들의 성향에 따라 최적화된 기본급과 성과급의 크기를 잘 설계할 수 있어야 단기 연체를 관리하는 센터의 운영 효율을 최대화할 수 있다.

5장

수익성 강화 노력

기업의 목적 : 선한 이익 추구

과거에 우리는 기업의 목적을 이윤 극대화로 배웠다. 기업을 둘러싼 다양한 이해관계자들의 요구로 오늘날 기업의 목적은 보다 광의로 설명되고 있다. 법적, 경제적, 윤리적 책임성이 강조되는 CSR(Corporate Social Responsibility)은 기업의 사회적 책임성을 강조한다. CSR은 주로 자선, 기부, 환경보호 등 기업 이윤의 사회적 환원 활동으로 표출된다.

마이클 포터 교수가 제창한 CSV(Create Shared Value: 공유 가치의 창출)는 창출된 수익으로 사회 공헌 활동에 나설 것이 아니라 상품이나 기업 활동 자체에 사회적 가치를 담아 경제적 수익을 추구하는 경영기법이다.

드러커 교수는 기업의 목적을 시장으로, 존재 이유를 고객으로 설명한다. CSR과 CSV는 물론 드러커 교수도 이윤 창출은 기업의 영속을 위해서 꼭 필요하다고 했다. 악한 수익이 아닌 선한 수익이어야 하고 수익이 주주와 종업원에 국한되지 않고 사회 공헌에 활용되기를 희망했다.

✓ **느슨한 수익성 관리에 메스를 들다.**
　수입 관리(매출이익 부진 거래처 설득, 신규 거래처 직영화 추진)
　지출 관리(도급비 연동 임금 구조 설계, L 카드 계약직의 추심직 전환,
　협회비와 공과금 부과 적정성 검토 등)

✓ **신사업 발굴**
　집단대출 자서 대행 업무
　CRM(일반 콜) 업무
　렌탈 채권, 캐피탈 채권 등 신규 수주

✓ **신규 거래처 발굴**
　H, L 렌탈, K 캐피탈, L, H, W, N 카드, H 은행, E, P 저축은행 등

✓ **잠자는 자금 깨우기**
　재무적 투자 환수, 무수익 여유 자금의 운영 방법 개선

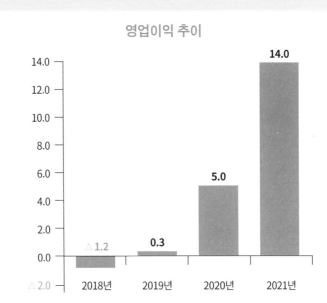

영업이익 추이

영업이익 = 매출 총이익 - 판매 관리비 : 기업 본원적 수익성과 지표 (단위: 억)

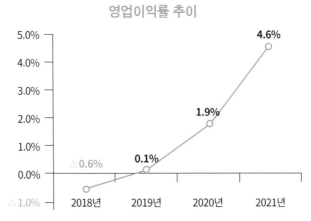

영업이익률 추이

영업이익률 = (매출총이익 - 판매 관리비) / 매출액
(판매 영업활동 전체 상황을 통해 발생하는 이익에 대한 매출액 대비 비율)
(총 매출액 대비 판매 영업활동을 통해 발생한 이익 비율)

1. 수입 구조와 판매 관리비 분석

연체 채권 추심 업무의 손익 구조를 살펴보면 현장 인건비에 해당하는 추심 수수료율이 계속 상승 추세다. 반면 연체 채권을 회수 위임하는 카드사 등 금융회사는 자사의 비용 관리를 위해 신용정보사에 지급하는 수수료율 통제에 예민하다. 추심 위임 직들도 높은 성과 수수료를 주는 회사로 언제든지 이적할 수 있다. 따라서 채권 회수 역량이 높은 사람을 붙들어 두자면 추심 성과 수수료를 올려주는 수밖에 없다.

결국 신용정보사는 양자 사이에 샌드위치 신세라서 경영관리에 능하지 못한 일부 회사는 적자에 허덕인다. 유능한 추심직 영입과 유지에 타사 대비 높은 성과 수수료율을 제시함으로 비용이 늘어나고 채권 확보 경쟁에 내몰리다 보니 저가 수주 경쟁으로 수입 수수료 부문의 수익은 줄어드는 악순환에 빠져들기 쉽다.

보통 6~8%의 매출이익에 본사 판매 관리비를 제하면 1~3%의 낮은 영업이익률에 시달리고 있다. 추심 위임직에 대한 성과 수수료 지급률이나 조직 운영비 등 판매 관리비 관리에 집중해야 하는 이유가 여기에 있다. 회사의 수익 구조 개선을 위해서 센터별, 채권별 수시 구조를 분석하고 지출 구조에서 수입 구조까지 문제가 있는 곳부터 하나씩 바로잡아 나갔다.

2009년 금융감독원에서 금융회사의 1개월 내외 단기 연체 관리 콜은 일반 인·아웃 바운드 콜과는 성격을 달리 봐야 한다는 의견 제시가 있었다. 채권 추심을 담당하는 조직이니 추심 자격이 있는 직원을 보유한 신용정보사가 맡아야 한다는 해석이었다.

우리 회사도 이런 배경으로 모기업이 운영하던 K 은행 60여 명, K 카드 180여 명의 콜센터 직원 240명을 분사 형태로 출범했다. 인당 단가를 기본으로 하고 SLA_{Service Level Agreement; 서비스 수준 약정} 평가 등 부대 지표로 업무 대행 수수료인 도급비를 책정했으나 2018년 하반기에 '목표 대비 달성도 평가'로 제도 변경이 있었다.

이후 목표의 변동성으로 우리 회사가 제공하는 용역 서비스에 대한 대가로 받는 서비스 수수료인 도급비의 월별 편차가 심각했다. 2019년 3분기까지 심한 변동성으로 도급비가 센터 직원들의 직접 인건비 충당에도 부족했던 달마저 있었다. 어려운 현실 앞에 근본적인 접근이 필요했다.

센터의 인건비 지출 구조를 면밀하게 살펴보니 개념 없는 관리가 눈에 들어왔다. 카드사의 회수 증대 프로모션 수행 후에 수취하는 프로모션 수수료가 몽땅 센터 직원들에게 지급되고 있었다. 판매 관리비와 영업이익 관리에 대한 개념조차 없었다. 당연하게 본사 운영비를 공제하고 직원들에게 성과 수수료를 배분하는 구조로 변경했다.

지출 관리의 사각지대를 제거한 뒤에도 여전히 목표 대비 달성도 평가는 불안정한 수입구조로 남았다. 월별 똑같은 회수 노력에도 널뛰는 도급비로 센터 직원들의 고용 안정이 저해됨을 위탁 금융사에 알렸다. K 카드사의 차세대 전산 시스템 안착 직후에 인별 단가 베이스와 실적을 연동한 카드 연체 관리 콜센터의 도급비 산정 체계를 통보받을 수 있었다.

아울러 H, W카드와 H 은행, K 저축은행의 매출이익 구조를 철저하게 분석한 뒤에 먼저 지급 수수료 구조상의 문제부터 정비했다. 그런데도 영업이익 확보가 힘든 곳은 손익 분석 자료를 작성하여 해당 회사 실무진을 설득해 나감으로써 최소한의 영업이익을 확보할 수 있었다.

카드사와 은행의 단기 연체 관리에 따른 매출이익률이 5~10%에 머물고 있으니 본사 판매 관리비와 주주 이익을 확보하기 빠듯하다. 이와 같은 현상은 왜 벌어질까? 첫째, 추심을 위임하는 금융회사가 추심 수탁 신용정보회사를 선정할 때 희망 도급 단가가 낮을수록 선정에 유리한 입찰 기준을 적용한다. 그리고 최근 수년간 최저 임금의 대폭적인 상승에 따라 하방의 상승 효과가 전체 콜센터 직원들의 연쇄적인 급여 상승을 부추겼다.

나아가 금융회사가 수탁 추심 회사의 근로자 개인에게 지급하는 직접 인건비율을 높이라고 주문하고 있는데 이는 정부의 소득 양극화 해소 정책과 연계된 요구사항이다. 신용정보사들의 무리한 수주 경쟁은 스스로 희망 도급단가를 떨어뜨려 승자의 저주에 빠지기도 한다.

수익성 하나만 놓고 본다면 일부 금융사의 단기 연체 회수 업무를 과연 지속해야 할지 회의가 들기도 한다. 금융 대기업과의 거래 실적을 통한 평판 이미지 구축과 매출 신장에 대한 기대로 입찰 공고가 나면 신용정보사들이 줄을 선다.

위탁사를 대신해서 노무 문제나 민원 등을 떠안는 신용정보사들과 저임금에 시달리는 수탁사 소속 직원의 입장을 잘 헤아리는 회사가 있는 반면 또 애써 외면하는 회사도 있다.

제조 대기업들의 하청업체에 대한 다양한 횡포가 사회적 문제로 대두된 지 오래다. 금융사들의 추심 위탁 업무는 체불이 없고 최소한 역마진은 없는 장점도 있다.

그러나 일부 금융사는 수입 회사의 운영이 곤란할 정도의 도급 단가를 책정하고 있다. 신용정보사도 정확한 수지 분석을 토대로 도급 금융사를 설득하는 보다 적극적인 자세가 필요하다. 도급사의 요구나 지시에 과도하게 순응된 자세를 견지하는 업계 현실도 안타깝다. 이 밖에도 각종 부과금이나 연회비 부과 기준 등을 검토하여 해석 오류에 따른 과오납 회비가 없는지도 살펴보게 함으로써 직원들의 비용 관리에 대한 인식을 높여 나갔다.

회원사 대표 친목회 활동마저 줄이고 관례로 지급되던 임직원 설 추석 귀성 여비도 약 2년간 지급 금액을 줄이거나 중단하기도 했다. 회사 정상화 이전인 2018~2019년은 판매 관리비 집행에 마른 수건도 다시 짜던 시기였다.

이와 같은 일련의 수입 지출 구조조정은 비단 금융회사뿐만 아니라 제조 하도급사나 프랜차이즈 비즈니스를 수행하는 기업, 나아가 모든 중소기업에 꼭 필요한 과정이다. 특히 CEO가 처음 부임하여 새로운 시각으로 바라볼 때 많은 수지 개선 효과가 있을 수 있다.

수지 구조 분석과 개선을 통한 노력으로 2019년을 반환점으로 우리 회사의 영업이익률 개선 속도가 눈에 띄게 가팔랐다. 매출액 대비 영업이익 크기를 나타내는 영업이익률이

-0.6%(2018년), 0.1%(2019년), 1.9%(2020년), 4.6%(2021년)로 크게 개선되었다.

개선의 주요 원인은 첫째, 단기 연체 관리 콜센터와 중장기 연체 관리 영업점의 도급비와 추심 위임직 성과 수수료 지급 구조를 개선했고 둘째, 신규 거래처를 확보할 때는 독립채산형 영업점에 일임 관리를 탈피하고 본사 직영의 추심 센터를 개설하여 수익성을 개선했다. 셋째는 소득세 탈루 방조의 우려가 있는 영업점의 미등록 유령 추심 위임직에 지급되던 수수료 지급 중지 등 수입과 지출 구조상의 누수를 철저하게 차단하는 노력을 기울였다.

2. 신사업 발굴

우여곡절 끝에 대출 계약서 징구 대행 업무는 안정을 찾았다. 우리 회사 기준으로는 작지 않은 수익 구조 하나를 만들었으니 회사에 몸담은 보람 중의 하나다. 임직원들에게 틈틈이 신규 먹거리 발굴의 필요성을 강조하고 또 의견을 교환해 왔으나 새로운 수익원을 찾아낸다는 것이 결코 쉬운 일은 아니다.

2018년 3월에 금융감독원에서 금융사들의 핵심 업무를 제외한 부대 업무 중에서 외부 용역이나 도급으로 전환할 수 있는 업무를 적시해서 금융회사 앞으로 시달한 문서가 있다. 나열된 업무를 중심으로 신규 취급할 수 있는 업무를 발굴해내는 노력도 기울였다. 취급해 볼 만한 업무는 회사의 수용 역량 부재에 가로막히고 또 어떤 업무는 인허가 부재로 불가하여 시간을 두고 차근차근 접근해 나가기로 했다.

2020년 추심 이외의 일반 콜센터 업무 취급인가로 우리 회사의 업무 취급 영역이 조금 확대되었다. 하지만 이 분야도 성숙 시장으로 경쟁이 아주 치열하다. 새로운 사업은 인허가를 취득해도 신규 진입이 쉽지 않다. 기존의 업무 경력 없이는 진입 장벽을 넘기 힘들다. 다행히 모기업의 협조로 10명 이하의 작은 콜센터를 이관 받아 운용 경험을 쌓아가고 있다.

금융업은 고객의 자산을 다루는 보수적 성격 때문에 정부의 규제가 강하다. 따라서 정부의 인허가가 필요한 비즈니스이며 블루오션을 찾기는 더더욱 힘든 분야다.

3. 신규 거래처 늘리기

어느 기업이나 신규 거래처를 발굴해야 하는 궁극적인 이유는 기업의 매출 증대와 함께 수익을 키우기 위해서다. 기업의 영속성을 높이는 매출 신장은 기존 거래처의 거래량을 늘리는 것도 중요하지만 신규 거래처의 지속적인 발굴 없이는 불가능한 일이다. 더구나 성숙 시장에서는 업체 간의 기존 거래를 공방하는 제로섬 게임이라 신규 거래처 확보가 결코 쉬운 일은 아니다.

우리 회사도 신규 거래처 확보는 절체절명이며 새로운 추심 자산의 확보와 함께 수임 자산별 회수율을 높여야만 할 전략적 고민이 크다. 우리 회사의 조직은 단기 연체를 관리하는 정규직 중심의 자동 전화 독촉 시스템을 갖춘 단기 연체 관리 콜센터와 중장기 미수 금융 채권과 상거래에 수반된 상사 채권 등 장기 고정 채권을 관리하는 영업점(직영형, 독립채산형)으로 양분되며 매출액은 양쪽이 비슷하다.

경영을 맡고 난 뒤에 수익과 비용 관리를 강화한 후의 매출이익률은 전자가 8% 내외, 후자가 11% 내외를 유지하고 있다. 이전의 경영 실적은 매출이익률이 4%대에 머물러 본사 판매 관리비를 뺀 영업이익률은 마이너스이거나 손익분기점을 간신히 넘기는 수준이었다. 따라서 주주 배당은 고사하고 자본 잠식으로 귀결될 수밖에 없었다.

위탁 회사들로부터 받는 도급비나 추심 위임직에게 지급하는 당사의 성과 수수료율도 기존 계약 건은 변경이 어렵다. 따라서 새로운 거래처 발굴과 새로운 계약이 일어날 때 사업별 수익 구조를 잘 짜야만 회사의 수익성을 개선할 수 있다. 독립 채산 형태의 조직이냐 직영 형태의 조직이냐에 따라 수익구조가 달라지고 수수료 책정의 임계점을 정확하게 산정하여 입찰이나 계약에 임하는 것이 중요하다.

부임 후 새로 거래를 튼 렌탈회사, 저축은행, 캐피탈사의 채권 추심은 본사내에 직영 추심 센터를 꾸렸다. 건물 임차료 등 판매 관리비를 줄임으로써 매출이익률이 25~30%에 달하는 고수익성 사업 모델이 되고 있다. 2016년 K 은행 단기 연체 관리 콜센터를 경쟁 업체에 뺏긴 뒤에 모기업의 지원으로 이듬해에 H 카드, W 카드. H 은행의 연체 관리 콜센터 업무를 추가로 확보했다. 업계 내 단기 연체 관리 콜 부문에서는 선도 회사의 위치를 공고히 다져가고 있다.

4. 잠자는 자금 깨우기

수년 전 납입자본금 30억 원의 회사가 D 건설 유통 주식 한 종목에 자본금의 15%에 해당하는 재무적 투자(매입가는 주당

7,545원)를 했다. 보유한 주식의 가격이 수년 동안 하락하여 시가가 장부 가격을 하회함으로써 속을 태워 왔다. 한 회사 주식에 몰아서 투자했으니 계란을 한 바구니에 담은 꼴이다.

코로나 사태로 급락했던 주가가 이른바 '언택트 주식'을 필두로 짧은 기간 내 크게 반등했지만 건설, 조선 등 글로벌 금융위기 시에 타격을 입었던 부문은 반등이 더뎠다. 팬데믹 이후 주가지수가 2,400선에서 1,400선까지 밀렸고, 시장은 잠시 극심한 공포 속으로 빠져들었다. 회계와 재무를 담당하는 팀장, 상무와 더불어 일부 손절하고 다른 유망 주식을 갈아타는 것도 의논했지만 결국 결정을 유보했다.

다행스럽게도 D 건설 주가는 2021년 6~7월경 반등했고 약 6만 주의 주식을 평 단가 7,843원에 매도하여 손실 없이 처분했다. 투자금의 기회비용과 리스크를 고려하면 결코 좋은 투자라고 할 수 없지만, 저금리 시대의 투자로서 위안 삼을 만한 시점에 매도했다.

우리 회사의 운용 자금은 주로 회수 수수료 수령 시점과 직원 급여나 추심 성과 수수료 지급 시점의 불일치에 따른 일시 자금, 부가세 등 납부 대기성 자금, 퇴직충당금 등 부채성 자산 등으로 구성된다. 매출의 10~20%가 당좌자산 평잔으로 유지되며 은행 다수 지점에 보통예금으로 머물고 있다.

우리 회사는 중소기업의 자금 관리를 전문으로 하는 웹케시 그룹의 사이버 브랜치를 도입해 전체 계좌의 입출금 현황과 잔액을 주기적으로 모니터링하고 있다. 또 잠자는 여유 자금을 일깨워 돈이 돈을 벌 수 있도록 하되 리스크와 수익성을 고려하여 자금을 운용하도록 지도하고 있다.

과거에는 여유 자금을 보통예금에 방치하여 금융 수익을 창출하지 못했으나 이제는 채권과 정기예금 등 다양한 상품 운용으로 연간 1억 원 내외의 운용 수익을 내고 있어 회사의 자금 운용 역량도 좋아지고 있다.

6장

영업 야성과
매출 신장

경험과 학습으로 영업 역량강화

보험이나 자동차 판매 분야 등에서 영업의 달인들이 종종 소개된다. 영업사원별로 고객을 관리하는 신출귀몰한 개인기들이 소개되기도 한다. 이에 반해 은행이나 카드 비즈니스에서는 가격이나 한도 등 상품 자체의 본원적 경쟁력과 점포 전략 등 마케팅 믹스에 따라 영업의 결과가 크게 좌우된다.

그럼에도 점포 단위의 영업 결과는 유능한 영업인의 보유 여부에 따라서 크게 차이가 난다. 특히 신상품 프로모션 등에서는 지점별 스타 플레이어 유무에 따라 실적의 차이가 대별된다. 행원 시절에 점포 영업을 올바르게 배우고 영업점장 시절에 실력 발휘 기회를 가진 것은 큰 행운이었다.

기업에서 매출 성장은 곧 그 기업의 지속가능성을 의미한다. 지난 4년간 우리 회사는 업계 평균 연 매출 신장률의 2배 이상 높은 성장률을 줄곧 유지해 왔다. 4년 전 150억 원의 매출액이 2021년에는 303억 원으로 2배 성장했다. 업계 23개 회사 중 매출액 순위도 하위 그룹에서 중위권으로 도약했다.

✓ **리더의 인정과 격려를 먹고 자란 영업 야성**
행원 시절의 재형저축, 카드 섭외 사례
지점 이전 후보지 섭외(테스코 홈플러스)

✓ **업무 영역 확대 및 금융 연체 관리 센터 확대**
B 건설 콜센터 신규 및 H, W, L 카드사, H 은행 신규 수임

✓ **금소법 시행에 따른 반사 이익**
M 사 반환 물량 인수(자서 대행: 매출 증대와 사업성 확보)

✓ **금융채권 관리 지점 신설**
강북 지점, 강동 지점, 서초 지점

✓ **지점 영업 우수사례 공유**
상사 채권 영업활동 우수사례
금융 채권 영업관리 우수사례

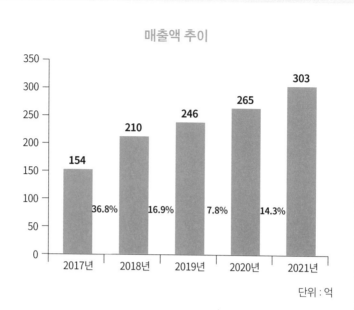

매출액 추이

	2017년	2018년	2019년	2020년	2021년
	154	210	246	265	303
		36.8%	16.9%	7.8%	14.3%

단위 : 억

매출이익률 추이

	2018년	2019년	2020년	2021년
	8.6%	8.1%	9.4%	11.7%

매출이익률 = 매출총이익 / 매출액
(판매를 통해 직접 얻은 이익에 대한 매출액 대비 비율)

1. 내 안의 영업 야성

어느 직종에서나 영업은 힘든 과업으로 분류된다. 흔히들 오장육부를 빼놓아야만 영업을 잘 할 수 있다고 한다. 그만큼 자존심이나 체면을 내려놓고 고객의 마음을 진정으로 움직일 수 있어야만 성공할 수 있다는 뜻이다.

시곗바늘을 되돌려보면 신입 발령지였던 J 은행 부산 지점 근무 시절에 창구에서 민원 고객들을 능숙하게 처리하며 상사의 인정을 받기 시작했다. 불만 고객의 얘기를 귀담아듣고 가능한 일은 즉시 처리하고 안 되는 일은 안 되는 사유를 누구보다 쉽게 설명하여 현장에서 민원을 해소한 것이 성공 비결이었다.

입행 동기들이 어음 교환 가방을 들고 다니거나 출납 박스 안에서 모출납_{은행의 현금을 관리하는 일. 영업점 CD기를 포함하여 허드렛일이 많아 보통 신입 직원이 맡는다.}을 담당할 무렵 전국 1~2위의 대형 지점에서 입행 6개월 만에 서무 주임을 맡았으니 나름 제법 인정을 받았던 시절이다.

2년 뒤 고향 소재 J 지점으로 이동되었고 인생의 멘토가 된 지점장을 만나 출납 업무부터 다시 배우게 되었다. 특히 이때 "앞 아서 찾아오는 손님에게 통장만 개설하지 말고 밖으로 나가서 직접 영업을 해 보라" 하시던 지점장님은 고기 잡는 법을 내게 알려주었다. 당신부터 지인들의 예금을 손수 유치하는 솔선수 범을 보이셨다. 소위 외부아웃 바운드 영업이 생소하던 시절이었 기에 남들이 안하던 영업을 먼저 시도하니 가는 곳마다 황금어 장이었다.

제안 상품은 재형저축과 비씨카드, 타깃은 중고등학교 교사 였다. 일평균 2~3개 학교를 방문하고 쉬는 시간에 교무실에 들 러 교감 선생님의 양해를 구한 뒤에 5분 상품 스피치를 하고 가 입 신청서를 돌리는 방식이었다. 보통 하루에 카드 10~20좌, 재형저축 15~20좌에 신규 월 저축액 150~250만 원의 약정을 올 렸다.

비씨카드에 증명사진이 들어가던 시절이라 카드 가입신청서 를 받고도 첨부할 사진이 미처 준비되지 못하여 사장되는 신청 서가 많았다. 이때 직접 카메라를 들고 다니면서 현장에서 증명 사진을 확보하니 신규 등록 시에 허수사장 건수가 크게 줄었다.

재형저축 역시 첫 회 납부 금액이 당장 수중에 없어 가입 신 청서 작성을 망설이는 선생님들이 많았다. 일단 신청서만 작성 징구한 뒤에 급여일에 재방문하여 전원 가입을 유도했다. 카드,

재형저축 전국 1위 신규 지점으로 포상과 해외연수를 거머쥐었다. 무엇보다 지점장께서 퇴근 시간을 넘기며 출장 당일의 실적을 보고받고 격려해 주셨기에 학교심방 섭외는 지점의 업적을 견인하는 역할을 톡톡히 해냈다.

이런 과정을 거치며 동기 중에서 1번으로 대리 승격의 영광을 누렸고 창원 지점장 대리로 전보되었다. 창원공단 내에는 대기업 계열 기업군에 소속된 회사들이 입주해 상주 근로자들이 많았다. J 지점에서 학교에 적용하던 섭외 방법을 기업에 적용하여 카드와 재형저축 가입을 획기적으로 늘려나갔다.

나아가 현대, 삼성, 엘지, 기아 등 대기업 사보 담당자 모임을 통해 각사의 사보에 카드와 재형저축의 장점을 적극 알렸다. 뿐만 아니라 노조 간부와의 접촉으로 현장 근로자들에게 재산형성을 위한 저축의 필요성과 상품을 소개함으로써 소매가 아닌 도매 영업을 해 나간 셈이다. 당연히 전국의 평가 대상 가운데 1등을 했고, 4급 대리 시절의 이런 업적과 평판이 차곡차곡 쌓여서 3급 과장 진급도 입사 동기와 대리 승격 동기 중에 1번을 지켰다.

2. 부대 업무 발굴

2020년 하반기에 우리는 금융회사의 단기 연체를 전화로 관리하는 콜업무 경험을 토대로 일반 콜센터로 업무 영역을 넓히고자 노력했다. 마침내 당국의 인가를 득했다. 금융사의 아웃바운드 상품 판매를 제외한 인바운드와 아웃바운드 콜센터 업무를 취급 가능하다. 그러나 일반 콜센터 업무 취급 경험이 없고 시장 또한 과열 상태라서 어떻게 시장에 진입해야 할지 막막했다. 담당 라인에서도 뾰쪽한 대안을 찾지 못한 채 시간만 흘러가고 있었다. 그래도 경험 쌓기는 새로운 전기 마련에 도움이 될 것으로 생각했다.

모기업에서 관리 효율이 떨어지는 아주 작은 거래처를 이관받아 우선 작은 업무 이력이라도 만들어 보자고 했다. 물론 모기업의 이관 양해가 있어도 도급사의 양해가 없다면 추진이 불가한 사안이다. 마침 10명 이내의 아주 작은 규모로 분양 상담 및 정보 수정 작업, 하자 접수와 문의 등을 담당하는 B 건설사의 업무를 가져오는 것이 어떻겠냐고 담당 임원에게 힌트를 주었다.

나의 소개로 모기업이 B 건설사 콜센터 업무를 수탁 운용해 오고 있어서 건설사의 동의는 구해볼 테니까 모기업과 협의를 시도해 보라고 했다. 담당 임원의 반응이 느렸다. 모기업에서도 당사가 동일 업무를 하는 것에 호의적이지 않을 수도 있을 것이다. 그러나 그런 지레짐작으로 협의마저 주저한다면 신사업을 키우고자 하는 열의가 부족한 것으로 볼 수밖에 없다.

며칠을 기다려도 진척이 없기에 아침 임원 티타임 자리에서 모기업 대표에게 직접 전화를 했다. 약간의 의견이 있었으나 틈새시장을 위해 우리 회사의 일반 콜센터 비즈니스는 살려둘 필요가 있음을 공감했다. B 건설사의 동의로 한 달 만에 이관 작업을 끝내고 2021년 4월부터 우리 회사의 직무수행 경험으로 축적되고 있다.

모기업의 주 사업이 콜센터 운영인바 향후 같은 비즈니스에 끼어들 필요는 없다. 따라서 채권 회수에 특화된 카드 연체 관리 콜센터 중심으로 영업을 강화해 나가는 당사의 성장 전략은 여전히 유효하다. 다만 주주사의 관리 효율을 저해하는 소형 일반 콜센터 등의 틈새시장에 참여함으로써 모기업과 시너지를 도모해 나갈 예정이다.

3. 금융소비자보호법 시행과 반사 이익

2020년 금융위원회에서 발의한 금융소비자 보호를 위한 법안이 국회에서 의결됨에 따라 2021년 3월부터 동 법이 시행되었다. 업무수행 절차상 소비자의 권익을 침해할 소지가 있는 사안들에 대해서 그 절차적 보완을 규정하고 있다. 예컨대 일정 기간 내에 연체 독촉 회수를 제한하거나 고객 권익을 저해할 경우 수탁회사에 한정했던 책임을 위탁한 금융회사에도 연대하는 등 그 책임성을 대폭 강화하고 있다. 또 금융회사의 도급 등 위임 업무에 대해서는 수임사에 일사 전속거래 의무를 부여했다.

일사 전속이란 동종 부대 업무를 여러 금융회사에서 동시에 수임받지 못하게 하는 법 규정이다. 우리 회사는 M 사와 공동으로 K 은행의 집단대출 자서 업무를 수행 중이었다. M 사는 금소법이 시행되면 대출 자서 업무를 지속하기 어렵다는 자체 판단으로 K 은행에 업무지속 포기 의사를 표명했다.

반면 우리 회사는 어떤 난관이 있더라도 K 은행의 대출 자서 업무만큼은 놓칠 수 없다는 절박한 심정으로 대처했다. 대출 자서 업무대행 일사 전속에 따른 대응 방안을 묻는 K 은행의 문서에 당사는 K 저축은행의 자서 대행을 포기하고 K 은행만을 전속으로 대행하겠다고 적극적으로 나섰다. 또 개정법에 따라 상품 판매 대행 자격을 갖추기도 했다. M 사의 자진 이탈에 따른 업무를 우리 회사가 이어받기로 했다. 속성상 불규칙적으로 업무가 발생하고 또 여러 사업장의 자서 대행 업무가 동시다발적으로 일어나 인력 유지와 운용이 매우 까다로운 비즈니스다.

업무의 불연속으로 참여직원의 소속감이 약하고 월수입도 변동성이 높은 편이다. 자서 현장 출근을 약속한 인력 중에서 전날 갑자기 현장 출근이 어렵다고 통보해 오는 경우도 허다하다. 이런 경우 인력 운용을 책임지는 담당 팀장이 대체 인력을 구하느라 진땀을 흘리게 된다. 어려운 일이지만 영업이익률이 상대적으로 안정적이어서 앞으로도 관심을 기울여야 할 비즈니스 영역이다.

4. 중장기 금융채권 지점 확대

2020년 봄 광주 지점장과 부산 중앙 지점장이 경쟁사인 JM에서 제시한 본사 관리비용 인하와 채권 물량 제공 조건에 매료되어 추심 위임직들과 관리 채권을 대동하고 이적했다. 대형 점포이면서 탄탄한 영업 기반을 구축하고 있던 강서 지점도 K 신용정보사로 이적하는 아픈 경험을 했다. 이번 일을 통해서 독립

채산형 점포장과 일부 경쟁사의 도덕적 해이로 일어난 혼탁한 영업 현실을 뼈저리게 경험했다.

2020년 연간매출 목표에 미달했는데 주요인은 강서, 부산 중앙, 광주 지점이 타사로 전적한 결과였다. 따라서 우리도 빈 곳간을 메울 방도를 심각하게 고민해야 했다. 엎친 데 덮친 격으로 U 대부자산에서 우리 회사 신촌 지점에 위임 관리하던 H 캐피탈의 유동화 채권을 2020년 말 유동화 기간 만료에 따라 모두 회수해 갈 예정이었다.

설상가상의 시나리오였다. 당장 월별 억 단위 이상의 매출이 줄어드는 것은 아쉬웠지만 사업성 검토 착오로 만성적자에 허덕이던 수임채권이 떨어져 나간다니 한편으론 속이 홀가분했다. 그러나 미워도 우리 회사와 2년 6개월의 인연을 가진 채권들이다. 미운 정만 쌓인 채 유동화가 종료된 H 캐피탈 채권을 새로운 위·수탁 구조로 계속 수임하고자 담당 이사와 함께 U 대부자산의 대표이사를 만나 우리의 회수 플랜을 설명했다.

늦가을에 U 대부자산 대표로부터 유동화 종료채권과 U 사의 직원 3~4명을 묶어 우리 회사의 독립채산형 점포로 분리 독립시키자는 제안을 받았다. 별도의 지점을 만들어 회수 성과가 좋으면 이후에도 신규 매입채권의 추가 위임까지 고려하겠다는 제안이었다. 흔쾌히 수용했다. 독립채산형 점포의 수익구조

조기 안정을 위해 초기 본사 공통비율은 현실성 있게 책정했다. 본사의 직원 인건비나 전산 비용 등은 추가 투입 없이도 가능하니 매몰 비용 내의 지점 증설이다.

수수료율이 조금 낮아도 회사의 매출을 키우는 데 큰 도움이 될 수 있었다. 이런 과정 속에 탄생된 지점이 2021년부터 본격 활동에 들어간 KS신용정보 강북 지점이다. 강북 지점이 성공적으로 출범하자 H 대부에셋(주)에서도 그동안 S 신용정보사에 맡겨 관리하던 H 캐피탈 자산에 대해 U 사와 같은 구조로 분리 독립을 제안해왔다.

H 캐피탈 자산 매입 시 양사가 공동 입찰에 참여하여 각 50%씩의 채권 물량을 확보했다. 그리고 U 사의 처리 방안에 공감한 H 사의 민첩한 의사결정으로 당사의 강동 지점 개소는 2020년 말경에 거의 같은 시기에 할 수 있었다.

5. 영업 우수사례 공유

대전 J 지점은 영업력이 탁월하고 추심 실적도 우수하여 영업점 모델의 전형이 되고 있다. 강한 지점으로 자리 잡는 데는 지점장의 뛰어난 아이디어가 있기에 가능한 일이다. 민·상사 채권을 취급하는 지점의 핵심 경쟁력은 영업으로 미수 채권 물량을 많이 확보하고 또 우수한 추심 인력을 조기에 확보 투입하는 일이다.

그중에서도 지점장들이 겪는 큰 애로는 상사 채권 물량을 확보하는 영업활동이다. 대부분 인맥이나 소개 마케팅에 의존하고 있으나 중부 지점은 특이한 마케팅 방법을 도입하여 시행 중이다. 우선 지점 내에 텔레마케팅 요원을 채용하여 각 시도별 상공회의소에서 발간한 상공인 명부 중 미수 된 상사 채권이 있을 만한 사업군과 기업을 선별한다.

이후 텔레마케터가 전화로 당사의 차별화된 추심 방법을 알리면서 추심 의뢰를 유도하고 있다. 의외로 성과가 가시적이었다. 담당 이사와 팀장을 통해 우선 대전 중부 지점이 어떻게 인력을 운영하고 있는지? 그리고 콜 대상 업체는 어떻게 선별하는지? 등을 면밀하게 벤치마킹했다. 콜 성공 비율은 어떻고 콜로 상사 채권 유치 시에는 성과연동을 어떻게 하는지? 우수한 텔러마케터의 자질 판별과 채용을 위한 전제조건은 무엇인지? 모든 것이 궁금하고 호기심의 대상이다.

조사 보고가 올라오면 판단할 일이지만 우선 빈 사무실 공간을 활용하여 약 2명의 텔레마케터를 채용하여 전국 소재 기업을 대상으로 추심 채권 보유현황을 살펴보고 채권 수임을 섭외할 계획이다.

특히 추심 물량 확보에 애로가 큰 지점장들에게 본사에서 채권을 확보해 공급해 준다면 본사의 리더십이 더욱 강화될 것이다.

중장기 금융채권 회수 업무를 수행하는 K 지점도 리더의 영업 및 조직관리 역량이 매우 뛰어나다. 지점 첫 방문에서 느낀 사무실 분위기가 일에 대한 집중력을 말해 주었다. 채권 서류나 사무용품의 정리 정돈으로 업무 효율을 높이고 추심 요령 등 실무 교육을 통해 지점 전체의 회수 역량을 높여 나가고 있었다.

또 추심직에 대한 직접적인 통제를 지양하고 고객 불만을 최소화하면서 스스로 회수 실적을 높여갈 수 있도록 간접 지원을 강화하고 있었다. 국책은행 근무 이력을 가진 지점장은 세심한 일 처리로 신용정보사 지점장의 전형을 보여주고 있다.

지점의 회수율이 높고 종사자 개개인의 성과 수수료 수령액이 높으니 타사 소속 유능한 추심직의 관심을 받는 지점이 되었다. 이는 결원 발생 시 신규 인력 모집을 용이하게 한다. 그리고 채권 위탁사와 강한 신뢰를 바탕으로 보유채권의 유지나 신규 채권의 추가 수탁에도 유리한 입장이다. 따라서 채권 물량과 유능한 추심 인력 확보라는 두 가지 핵심 경쟁력을 충분하게 확보하고 있으니 당사자는 물론 회사도 자랑스럽게 생각하는 지점이다.

여행에서 만난 경영지혜

한때 본사 공통비 분담 비율에 대한 견해차로 다소 껄끄러운 시간도 있었지만 본·지점 간의 수익구조에 대한 폭넓은 이해로 본사의 제안을 긍정적으로 수용하는 대범함을 보여 주었다.

그리고 2년의 세월이 훌쩍 흘렀다. 본사 공통비율에 대한 지점장의 일부 수정 제안이 있었고 회사도 합리적 의사결정으로 지점장의 의사를 수용했다. 보유채권의 연령이 높아지니 회수가 점점 더 어려워지고 있음에도 다양한 경험과 지혜를 동원하여 회수율 저하를 방지하고자 노력하는 지점장과 팀장의 헌신이 회사 발전에 밑거름이 되고 있다.

상사 채권 영업에서 J 지점의 차별화 된 방법도 전사적으로 공유할 가치가 충분하다. 연간 매출 30억 원 규모의 대형 지점으로 유능한 채권 영업 인력과 유능한 채권 추심직의 콤비 플레이로 얻은 결과다. 그리고 그 선봉에는 탁월한 능력과 리더십으로 지점 발전을 이끈 지점장이 있었음은 물론이다.

지점의 관리팀장과 추심 위임직을 잘 이끌며 추심업계의 두터운 인맥도 지점장의 큰 자산이 되고 있다. 영업활동에서도 틈새의 타깃 고객을 잘 선정하여 그 분야에 특화 전략을 펼침으로써 특정 분야의 영업에 탁월한 역량을 가지고 있다.

해당 지점은 건설사 미회수 공사대금 등 건 별로 채권 금액이 비교적 큰 미수 채권을 중심으로 전국을 마케팅 권역으로 활동하고 있다. 또 동종의 채권에 대한 회수 경험이 많이 축적되어 회수율을 높여 나감으로써 영업과 회수 조직이 서로를 견인하는 선순환 구조가 형성되었다.

글로벌 인플레이션의 가속으로 금리 대세 상승기에 진입 중이다. 가뜩이나 주택자금과 자영업자 대출 등 가계 금융 부문의 리스크가 크게 부각되고 있다. 지금 정부의 집값 안정화 정책들이 부동산 침체기로 이어진다면 채무자들의 상환 의지를 더욱 약화시킬 것이다. 그리고 코로나 사태로 시도된 정부의 대출 원리금 상환유예 조치가 끝나는 시기에는 한계 선상에 내몰린 자영업자나 중소기업 그리고 가계의 부채가 생각보다 더 험상궂은 얼굴로 다가올지 모른다.

이런 최악의 시나리오는 유비무환을 일깨우는 가정으로만 끝나야 하고, 다시는 극심한 경제위기에 내몰리는 일이 없기를 염원한다. 그러나 만약 연체율이 치솟는다면, 회사로서는 좋은 추심 역량과 추심 인력을 많이 확보할수록 더 큰 기회를 맞을 수 있을 것이다.

따라서 본사에서는 우수 영업점의 영업 및 회수 노하우를 공유하여 전사적 회수 역량 강화에 나서고 있다. 또 추심업의 환경 변화를 빨리 읽어내고 타사 대비 사전적인 대비 노력을 강화해 나가고 있다.

7장

콩 심은 데 콩,
팥 심은 데 팥

혁신을 이끄는 힘, 사필귀정의 신념

사자성어에 "사필귀정"이라는 말이 있다. '모든 일은 우여곡절을 겪지만 끝내 바르게 돌아간다'는 의미다. 사필귀정은 조직을 혁신하고자 하는 경영자에게 그 혁신의 방향이 옳다면 어떤 어려움에도 굴하지 않는 힘을 주는 말이다. 학령 자녀를 둔 임원의 중도 사직을 권고하는 일이나 공금을 횡령한 어제의 동료 직원을 검찰에 고발하는 일들이 결코 마음 편한 일은 아니다. 아프고 힘든 일이지만 간과하거나 덮어두면 조직은 고사하고 만다.

범죄행위에 대한 단죄는 누구나 공감하겠지만 임직원의 역량에 따른 진퇴 문제는 다소 주관적일 수 있다. 예컨대 창사 때부터 줄곧 7년을 함께 근무해 온 모 임원은 이전의 경영자 밑에서는 무탈하게 회사를 잘 다녔다. 회사를 부실의 늪에 빠뜨린 궁극의 책임은 CEO에게 있으나 담당 임원 역시 그 책임에서 자유롭지 못하다. 회사를 살려야 600여 직원들이 생계를 유지할 수 있다는 대의는 임원 조정에 대한 결심을 더 확고하게 했다.

✓ **영속 기업의 토대 마련**
   임직원들의 교체 및 적재적소 배치, 회계 부실 등 경영 리스크 제거
   매출액 및 영업이익의 지속 확대로 기업 체질 강화

✓ **치솟는 기업 신용등급**
   2018년부터 매년 1등급씩 상승(BB0에서 BBB+로 수직 상승)
   대외 신뢰도 및 브랜드 인지도 제고로 영업력 강화

✓ **FY2020, 좋은 기업의 원년, 창사 10주년 기념식**
   재무 회계적 클린 컴퍼니 선언(미 충당금, 사고금 정리 완료)
   직원 보상 강화로 애사심 증진, 배당을 통한 주주 가치 제고,
   내부 유보로 자본력 강화

✓ **진인사대천명(추심 위임직 퇴직금 청구의 소)**
   추심 위임직에 대한 인사관리 지침 배부 등 사전 관리 강화
   K 사 등 타사에서 승소 유경험자 9명의 제소: 당사 대법원 최종 승소
   퇴직금 약 20억 원 절감으로 운영 리스크 제거

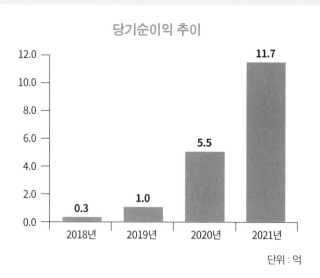

당기순이익 추이

단위 : 억

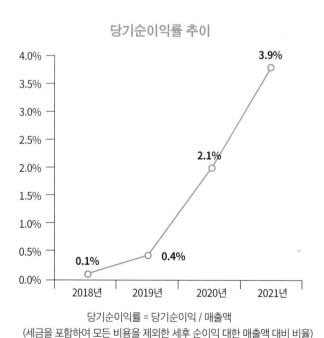

당기순이익률 추이

당기순이익률 = 당기순이익 / 매출액
(세금을 포함하여 모든 비용을 제외한 세후 순이익 대한 매출액 대비 비율)

1. 영속 기업 토대 마련

혹독한 겨울의 끝자락에 찾아오는 봄은 더 따뜻하게 느껴진다. 존경의 대상이 되어야 할 임원이 질시의 대상이 되고 또 상사의 눈을 흐리게 하거나 부도덕한 업무를 자행한 팀장도 있었다.

새 경영자의 경영 방식에 적응치 못한 직원들은 대부분 자발적으로 회사를 떠났고 경영진의 일부도 구조조정의 대상이 되었다. 퇴사를 꺼리는 사람을 관두게 하는 일은 업을 쌓는 일이지만 쓰러져가는 회사를 견인하기 위한 불가피한 조치였다.

회사의 영속을 위해 주주 가치와 직원 가치를 높여 가려면 경영방침과 맞지 않는 임원의 퇴사는 대를 위한 소의 희생으로 생각해야 한다. 3명의 임원이 비자발적으로 회사를 떠났다. 그동안 억눌렸던 분위기나 소통의 왜곡과 지연 등 조직의 동맥경화 현상이 사라졌다.

후임자인 K 상무는 온화한 성품으로 종횡간 정보 공유에 노력하여 회사 전체에 협업 분위기가 정착되어 가고 있다. 임원의 품성과 역량에 따라 조직 전체가 생명력을 가질 수도 있고 죽은 조직이 될 수도 있다.

본사 직원들도 M 차장을 제외하고 모두 바뀌었다. 상전벽해라고나 할까? 바꾼다고 다 좋은 것은 아니지만 자기가 소속된 회사의 비전과 공유 가치에 대한 이해가 부족하고 경영자의 경영방침과 생각이 다르다면 본인을 위해서도 조직과 빨리 결별하는 것이 옳다. 그런 측면에서 지금 남은 직원들은 역량과 품성의 상호 보완으로 회사가 품을만한 사람들이다.

각자가 맡은 일에 사명감을 가지고 임하며 또 협업과 분업에 익숙해져 가니 업무의 효율이 올라갈 수밖에 없다. 이런 분위기가 계속 이어진다면 우리 회사가 조만간 탄탄한 조직으로 거듭날 수 있을 것이다.

독선적인 간부나 임원 때문에 자유분방한 부하직원의 아이디어가 사장되면 안 된다. 늘 깨어있고 살아있는 조직이 될 수 있도록 감시의 눈을 거두지 않는 최고 경영자가 되어야 한다. 그러자면 조직 내부에 자라는 독초를 제때 제거하는 것 또한 경영자에게 맡겨진 중요한 역할이다. 목초지의 독초를 내버려 두는 목장이라면 장차 어떤 일이 벌어질지 자명한 일이다. 관리의 기본인 Why? 와 발전의 출발인 How? 가 늘 경영자의 뇌리에서 떠나지 않아야만 조직을 올바르게 이끌 수 있다.

보고서에 이해가 안 되는 수치가 올라오면 Why? 그런 숫자가 나오게 된 배경부터 살펴야 한다. 또 거창한 목표나 화려한 수치가 올라오면 How? 어떠한 방법으로 화려한 목표를 채울 수 있을지 실행 방안을 묻고 또 생각이 여물지 못한 부분이 있다면 조언하고 때로는 서로 간에 치열한 논쟁도 즐겨야 한다.

전임자의 답습에 그치는 직원은 결코 발전이 있을 수 없다. 왜 이렇게 처리하는지? 조금 더 나은 방법과 효율적인 방법을 고민하고 찾아낼 때가 바로 발전의 첫걸음이다.

2. 치솟는 기업 신용평가 등급

2017년 말 KS신용정보의 기업 신용평가 등급은 BB0 등급으로 투자 부적격 등급이었다. 회사 설립 이후 많은 세월이 흘렀음에도 재무적으로 설립 당시보다 나아진 것이 없으니 당연한 귀결이다.

최초 납입자본 30억 원으로 출범했으나 설립 3~4년 만에 자본을 잠식당해 주주 부분 변동과 추가 출자로 버텼으니 회사의 신용평가 등급이 좋을 리가 만무했다. 기업 신용평가사들이 재무제표의 외양만 보고 매긴 등급이어서 그나마 BB 등급이라도 받았다. 미충당 부분이나 회계의 투명성까지 종합적으로 고려했다면 외부 감사인의 의견이 한정의견이나 의견거절로 결론 났을지도 모른다.

기업신용평가 등급

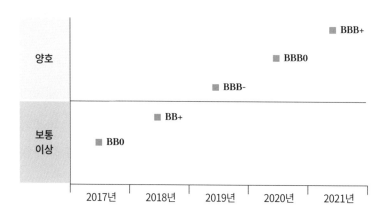

신용평가기관 : 한국평가데이타 주식회사(KoDATA)
기업의 신용 능력을 재무요소와 비재무요소로 평가한 뒤 해당 기업의 신용 위험을 등급으로 나타내는 지표로 공공기관 및 기업체 입찰시 제출하는 필수 서류

지난 2~3년간 가혹한 판매 관리비 통제와 카드 연체 관리 센터와 영업점들의 역마진 해소 노력을 통해 적정 영업이익률을 확보함으로써 회사의 연간 목표 자기자본 수익률 10%를 달성했다. 하지만 당해 회계연도의 영업이익이나 당기순이익으로 계

상되지 못하고 충당금 추가 적립 등 모두 과거의 마이너스 유산 정리에 사용됐다.

이제부터 당해 연도 수익이 회사의 당기 이익으로 인식될 수 있는 클린 컴퍼니로 거듭나게 되어 무엇보다 기뻤다. 2020년 비로소 납입 자본금 40억 원을 상회하는 재무 상태에 연간 세전 자기자본 수익률도 20%를 넘길 정도이니까 임직원들의 노고에 감사할 따름이다.

이와 같은 노력으로 우리 회사는 한국기업데이터로부터 신용 등급 BB0 등급에서 BBB+ 등급, 즉 투자적격 등급으로 체력이 강화되었다. 2017년 BB0, 2018년 BB+, 2019년 BBB-, 2020년 BBB0, 2021년 BBB+ 등급을 받았다. 매년 1등급씩 꾸준히 상승했다.

2022년은 A등급을 목표로 회사가 발전해가고 있다. 주거래 K 은행에서 자체 신용평가는 AA-에서 A+로 매우 양호하니 좋은 금리와 한도로 대출 좀 쓰라는 연락까지 왔으니 감개무량이다. 안정적인 성장성과 수익성, 자기자본, 리스크 관리 등이 뒷받침된 결과다. 수익 부문에서는 금융 채권을 담당하는 K 지점과 D 지점의 미등록 유령 추심 직원에 대한 추심 수수료 지급 중지로 월 2~3천만 원의 비용을 절감했다.

카드 연체 관리 센터 직원들의 임금 체계를 카드사에서 수령

하는 도급비서비스 용역제공에 따른 수수료에 연동시켜 회사의 비용 구조를 획기적으로 개선했다. 그리고 L 카드 연체 채권과 대손 채권을 회수하는 수원 센터와 인천 센터의 추심 직원도 정규직에서 추심 위임직으로 전환시켰다.

아울러 추심 위임직에게 지급하는 추심 수수료도 성과 연동을 강화하여 회사의 수익 구조를 크게 개선했다. H 카드 연체 관리 센터 직원들도 경쟁 업체보다 높은 회수율과 서비스 수준 평가를 잘 받아 회사 수익구조 개선에 보탬이 되었다. 여기에 더하여 신사업인 K 은행 집단 대출 자서 업무도 안정기에 접어들어 수익성 향상에 큰 역할을 하고 있다.

새롭게 구축한 본사 직할 추심 센터 또한 높은 매출이익률을 기록 중이다. 금융 채권 회수 조직으로 강북, 강동 지점과 서초 지점이 추가로 개설되어 이 부분의 성장도 착실하게 진행되고 있다.

주요 거래처인 U 사와 H 사의 우호적 마인드에 감사하다. 무엇보다 회사 매출액의 18%를 점하는 K 사의 매출이익 변동성이 줄어들어 고무적이다. 밀폐형의 비좁은 사무실에서 5~6명 직원으로 줄이고 줄여서 간신히 연명하듯 끌어오던 조직이 반듯한 사무실에서 상당한 판매 관리비를 감당하면서도 수익을 잘 내고 있으니 상전벽해가 아닌가 싶다.

3. 감동의 창사 10주년 기념식

경영 정상화의 시작

강산도 변한다는 10년의 긴 세월이 흘렀다. 그러나 재무적 측면에서 본다면 창사 이후 약 7년을 우리 회사는 허송세월했다. 7년의 세월이면 회사의 관리 체계를 공고히 하거나 거래처 확장으로 회사 성장을 가시화해야 하는데 어느 쪽으로도 긍정적 결과를 보여주지 못 했으니 허송세월이란 말이 결코 과언은 아니다.

대기업에서는 최고 경영자가 바뀔 때 신임 CEO가 재임 시의 실적 과시를 위해 재무적 빅 배스Big Bath를 하는 경우가 있다. 부임 첫해에 충당금을 일시에 많이 쌓고 이익을 숨겼다가 2~3년 차에 환입으로 수익 실적을 높게 가져가는 재무적 기법이다. 또 전임자들의 역점 사업을 후임자가 폄훼하는 경우도 있다. 그런 사고는 바람직하지 않다.

그러나 우리 회사는 이런 종류와는 완전하게 다른 경우다. 이익을 충당금으로 숨기는 것은 고사하고 법정 충당금도 비워 둔 상태이니 빅 배스는 고사하고 등록할 물마저 동이 난 지경이었다.

창립 이후 계속 이익을 못 내면서 직원들의 이직률도 높았고,

채용 장벽에도 봉착했다. 빈곤의 악순환이었다. 실질적인 부임 첫해인 2018년에는 전년 대비 매출 증가율 35%로 업계 2위로 올라갔고, 이후 높은 성장률은 계속되고 있다. 또 거래처의 이해와 협조를 잘 이끌어 매출이익률을 정상화하는 노력을 병행했다.

내부 판매 관리비 집행의 적정화를 통하여 영업이익률을 업계 평균 이상으로 끌어 올리니 당기 영업이익이 해마다 조금씩 늘어나기 시작했다. 회의를 통해 경영 실적을 공유하니 직원들도 회사가 좋아지고 있음을 체감하기 시작했다.

클린 컴퍼니를 이루다

우여곡절의 10년을 지나왔지만 2020년은 KS신용정보 창사 10주년이 되는 뜻깊은 해다. 2020년 7월 회사 창립 열 돌을 맞이하여 미충당 퇴직금이나 미지급금 등의 회계적인 취약점이 없는 '클린 컴퍼니'의 원년을 선포할 수 있었다. 주주사의 대표이사와 계열사 대표 및 임원들이 참석한 가운데 깨끗한 회사를 선언하니 임직원 모두 자부심을 느끼고 나 역시 회사 경영 3년의 과거가 주마등처럼 스쳐 지나갔다. 아팠던 과거사를 모두 치유하고 2021년부터는 당해 연도 수익을 모두 당기 수익으로 반영할 수 있게 되었음이 무엇보다 기뻤다.

7월 창사 10주년 기념식은 코엑스 사거리에 있는 파크하얏트 호텔 연회장을 대관하여 주주사인 ㈜한국고용정보 임직원과 본사 직원, 현장 매니저 등을 초대했다. 기획 담당 L 본부장이 창립 10주년 보고서로 준비한 '우리 회사의 현주소와 미래 비전'은 주주를 안심시켰고, 또 우리 회사의 임직원들에게도 적지 않은 자긍심을 심어준 발표였다.

그날 주주사와 우리 회사 임직원들은 서로 간에 격려와 축하를 나누면서 와인을 곁들인 멋진 정찬으로 위로받는 시간을 가지기도 했다. 회사 창립 후 처음으로 전 직원에게 작은 기념품도 배부했다. 우리 회사의 출발부터 함께해 온 K 카드 대전 카드 연체 관리 센터 소속 관리자 30여 명은 창립 10주년 기념 행사로 완주 대둔산 가을 등산대회를 했다.

창사 10주년 기념행사 차 마련한 직원 해외 연수 계획은 코로나로 인하여 해외여행의 족쇄가 풀리는 시점으로 순연했다. 이 약속은 여전히 유효한 약속으로 살아있다.

대기업 직원들은 출장이나 공로, 위로 연수 등 해외여행의 기회가 많다. 그러나 중소기업에 와서 보니 해외 연수의 기회가 매우 드물다. 하긴 업무 성격이 글로벌 업무와는 무관하니 그럴 수도 있으나 회사의 수익성이 낮으니 연수 및 포상비 집행도 궁색할 수밖에 없다. 스스로 찾아가고 개척해가는 현장 체험 여행으로 전환하면 비슷한 비용으로 동남아를 넘어 유럽이나 미주도 충분하게 진행 가능할 것으로 본다.

직원들의 열정에 기름을 붓고 실력과 견문을 넓힐 수 있는 좋은 연수 프로그램을 개발하여 직원들이 우리 회사의 유능한 미래 자원이 되도록 할 것이다.

4. FY2020, 좋은 기업의 원년

직원부터 변화하는 좋은 기업

2020년 12월이 끝나자 회사 경영을 맡은 지도 어언 3년 3개월이 경과 했다. 세월은 속절없이 흘러간다. 스스로 시장과 주주의 평가에 부족함이 없는지를 냉철하게 뒤돌아봐야 할 때다. 그룹사 회의에서도 경영 실적 호전을 자신하며 회사 정상화를 장담했기에 3년이 지난 이 시점에서 자신을 객관적으로 평가해 보는 시간이 필요했다.

물독에 물을 채우기 위해서는 바닥에 새는 구멍이 없어야 한다. 회삿돈이 새는 구멍을 막는데 근 3년의 세월이 흘렀다. 다행스럽게도 단위 영업 조직의 운영 효율화와 판매 관리비의 효율적 집행을 추진하고 직영 영업 조직을 강화해 나감으로써 회사의 영업수익 창출 역량은 일취월장하고 있다.

2020년 한 해 영업이익은 10억을 훌쩍 넘겨 회사의 숨은 부채를 상환하고 회사가 정상화되는 원년이 되었다. 이런 실적이 반영되어 회사의 신용평가 등급이 한 단계 더 격상될 수 있을 것이다. 연초에 직원들에게 주요 성과 지표 목표를 부여하고 목표 달성 구간별 성과급 부여 제도를 설계하고 공지했다. 2020년 12월 말, 비록 재원은 적었으나 임직원들에게 조금씩이나마 성과급을 배분할 수 있었던 것은 회사 창립 이후 처음 있는 일이었다.

받는 사람보다 주는 회사가 더 대견하게 느껴졌다. 성과급은 CEO나 임원 등 상위 직위에 부여되는 몫이 크고, 직원들은 사업 단위별 집단 성과급제를 병행 도입하는 것이 통상의 예다. 하지만 첫해에는 CEO를 제외한 임직원만 대상으로 했다. 영업 단위별, 지원 본부별로 부여된 KPIKey Performance Indicator: 핵심 성과 지표 점수 구간별 평가에 따라 성과급을 지급하는 다소 이례적인 운용을 했다. 직원들의 소속감을 강화하고 무엇보다 회사가 정상화되어 감을 피부로 느끼게 하는 2020년 연말이었다.

떠날 사람은 떠났고 떠나야 할 사람은 보냈다. 돌이켜보면 회사가 정상을 되찾는 것은 오로지 사람의 문제로 귀결됐다. 임원들의 자리 바뀜이 끝나고 안정을 찾기까지 무려 2년 6개월이 소요되었다. 이제는 적재적소의 충원으로 안정적인 인적 구성을 이루었다. 물론 직원들도 1명을 제외하고 모두가 교체되었다.

불과 2~3년 전에만 해도 회사의 불투명한 미래 탓에 수시로 들고나던 자리였지만 퇴사자가 크게 줄었고, 2020년에는 딱 1명만이 회사를 떠났다. 회사의 재무구조가 튼튼해지고 임직원 간에 수평적 의사소통이 원활하게 이루어졌다. 급여도 조금씩 오르고, 없던 성과급 제도나 사기 진작 방안도 때때로 시행하니 회사다운 회사로 인식되고 있다. 각종 회의와 다양한 소통으로 회사의 실태를 수시로 직원들과 공유한다. 우리 회사가 어떻게 얼마만큼 좋아지고 있는지 명확하게 인식해가는 직원들의 눈빛을 통해 애사심을 읽을 수 있다.

금전을 유용하고 나간 직원의 비리를 야근까지 하면서 파헤친 팀장과 직원들의 열정에서 회사를 사랑하는 마음을 읽을 수 있었다. 또 일선 영업 조직에서 바라본 본사 직원들의 근무 태도나 불편한 진실들에 대해서도 CEO가 직접 현장 방문을 통해 소통함으로써 회사에 대한 일선 영업직원들의 이해를 높이는 한 해가 되었다.

처음 부임했을 때 결코 야근이 없는 회사임을 알고는 약간 의아했었다. 인원도 얼마 되지 않는데 일과 중에 완벽하게 일을 끝내는 능률적인 조직인가 싶었다. 며칠 뒤, 일 중심이 아니라 시간 중심의 과업 조직임을 알게 되었다. 어떤 경우에도 6시만 되면 모두가 퇴근했는데 일이 밀린다는 개념이 없었다. 급여도 만족스럽지 못하고 인력도 부족해 일의 우선순위나 업무 처리 시한에 대한 개념이 정립되지 못한 상태였다.

그런데 변화가 일어났다. 어느 날부터 야근자가 생겨났다. 야근이 바람직하다거나 권장하는 것이 아니다. 꼭 해야 할 일의 중요성을 구분하고 시급히 결재받아야 할 일의 처리 시한을 스스로 인식하게 된 것이다. 직원들이 조금씩 회사와 맡은 일에 애정을 가지는 것이 느껴졌다. 그러니 경영진은 직원의 노고를 감안하여 처우 걱정을 하게 되었고 또 야근을 하지 않도록 직원 증원을 진지하게 검토하고 실행에 옮겼다.

우리 회사의 변화 과정을 지켜보면서 젊은이들이 취업을 망설이는 우리나라 중소기업들도 새로운 돌파구를 찾을 수 있지 않을까 생각해 본다. 그러자면 주주의 투자 위험에 대한 보상과 종업원의 보수와 복지를 더 강화해 나갈 수 있어야 한다. 그리고 MZ 세대가 일하기 좋은 일터를 제공하면 중소기업도 더 이상 기피 대상이 아닌 청년들의 꿈과 이상을 실현하는 직장이 될 수 있을 것이다. 인공지능과 로봇으로 줄어드는 대기업 일자리를 우량 중소기업에서 창출해 갈 수 있다면 청년실업난 해소에도 긍정적일 것이다.

5. 진인사대천명

소송에 휘말리다

2020년에는 회사에 좋은 일도 많았지만 일부 추심 위임직들이 제소한 퇴직금 청구 소송에 회사가 피고가 되어 힘든 소송을 이끌어 왔다. 위임직 채권추심인은 자유직업 소득자로 분류되어 근로자에 적용되는 취업규칙이 적용되지 않는다. 따라서 위임계약을 맺고 성과에 따라 수수료를 받는 구조여서 회사의 구체적 업무지시를 받지 않는다.

사회·경제적으로 약자인 그들의 처지를 헤아리면 제소한 심정이 일면 이해도 되지만 위임 계약서와 통상의 관리 방식을 보면 주장의 근거는 매우 희박하다.

2021년 1월 12일 서울지방법원은 KS신용정보 강남 지점 ○○ 외 4인의 퇴직금 청구를 기각했다. 2020년 2월 당사 강남 지점에서 해촉된 추심 위임직 종사자 ○○가 퇴직금 지급요청의 소를 제기했다. 법률대리인을 지정하고 수차의 변론과 서면 제출로 원고가 주장하는 근로자성勤勞者性: 위임사의 위임직 종사자들에 대한 업무 지시, 출퇴근 관리, 목표 할당 등을 근거로 근로자에 해당함을 주장을 논리적으로 반박했다.

최근 수년간 신용정보업계는 추심 위임직에 종사했던 사람들이 해촉 이후에 근로자성을 내세워 퇴직금을 지급하라는 제소에 많이 시달려왔다.

이로 인하여 퇴직충당금 설정 등 회사의 수익성을 급속하게 악화시키는 요인이 되었다. 본사의 사전 대응이나 지점장의 지점 운영 방식에 따라서 근로자성의 인정 여부가 판가름 났고, 판정의 희비도 갈렸다. 회사별로 운영 리스크 관리 역량이 대비되는 일이기도 했다.

퇴직금 지급 청구 제소는 우리 회사의 존망이 걸릴 정도로 큰 문제였다. 다행하게도 담당 임원이 청구의 취지에 반하는 자료들을 잘 챙기고 또 해당 지점장과 유기적인 대응책을 마련하여 결국 청구인들의 청구 내용을 기각으로 마무리 지었다.

물론 항소심의 판단을 더 기다려야 하지만 1심에서 우리가 바라는 결과를 얻어 낸 것만으로도 자축할 만한 쾌거였다. 우리 회사는 승소한 본 건 이외에 이보다 앞선 퇴직금 지급 청구의 소송도 목하 진행 중이다.

두 번째로 접수된 소송 건의 판결이 먼저 난 것이다. 1호 접수 건은 K 지점 소속 추심직 1명과 D 지점에서 근무한 바 있는 추심 인력 3명 등 총 4명이 우리 회사를 상대로 퇴직금 지급 청구의 소를 제기한 건이다.

위험 관리 역량

2021년 3월 9일 아침, 9시부터 주간 회의가 열려 팀별 업무 보고가 있었다. 그러나 내 관심은 온통 당일 오전 10시에 서울중앙지방법원에서 판결할 제1호 퇴직금 지급 청구의 소에 대한 판결에 쏠려있었다. 그러니 통상의 보고가 귀에 잘 들어올 리 없었다. 법원 판결 현장을 참관했던 L 이사로부터 판사가 원고 패소를 선고하고 피고인인 우리 회사의 논리를 인용했다는 낭보가 전해왔다. 최근 2~3년 동안 회사 정상화를 위한 임직원들의 애타는 노력에 힘입어 숨어있던 부정적 유산을 정리 중이었는데, 이번 판결로 큰 부담을 덜게 된 것이다.

사실 2020년부터는 정상적으로 수익을 내는 회사로 거듭났지만, 일부 추심 위임직들이 제소한 퇴직금 청구 소송은 큰 걱정거리였다. 타 신용정보사에서 이미 추심 계약직 퇴직금 청구 소송에 패하여 많은 돈을 지급해 왔는데 우리 회사도 다툼의 당사자가 되었던 것이다. 그동안 타사 사례를 볼 때 아쉽게도 추심 계약직 입장을 배려한 판결이 압도적이었다.

지점장들과의 소통 강화로 지점장들이 회사의 입장을 균형감 있게 견지하도록 했다. 또 추심계약직 인사관리 요령 등 지점장 일일 점검표를 작성하여 배부했다. 나아가 지점장들이 추심 위임직을 대할 때 정규직과 유사한 관리 사례가 발생하지 않도록 각별한 주의를 촉구했다.

만약 당사가 패소했다면 오랫동안 금융 채권을 관리해 온 K, D, S 지점 추심 계약직 모두에게 퇴직금으로 부담해야 할 몫은 약 20억 원 내외로 추산되었다. 회사 존립에 치명적인 또 하나의 허들을 넘은 셈이다. 물론 상대방의 항소가 있을 것이고 최종심을 속단하기는 어렵다. 그래도 당사를 피고인으로 제기된 2건의 퇴직금 지급 청구 소송에서 모두 이겼으니 심적인 부담을 크게 덜었다.

D 지점과 K 지점의 퇴직금 청구 소송에서 승소 경험은 올해 신설된 강북 지점과 강동 지점의 추심 계약직 관리에도 보다 자신감을 가지게 할 것이다. 이뿐 아니라 타 회사에서도 우리의 추심계약직 관리 방식과 소송 대응 경험을 벤치마크 하는 곳도 생겨나고 있으니 회사의 평판에도 큰 진전이 기대된다.

2019년 1호 퇴직금 청구(원고 ○○ 외 3인, 2021년 3. 15.판결)의 건과 2020년 2호 퇴직금 청구(원고 ○○ 외 4인, 2021년 1. 18. 판결) 원고들의 항소로 또다시 상급심에서 근로자성을 다투어 왔다.

2건 모두 2022년 1월 27일 '원고들의 청구를 기각한다'는 판결로 고법은 당사의 손을 들어주었다. 이로써 이월된 경영 불확실성이 완전히 제거되었고, 약 20억 원에 달하는 잠재 부담을 해소 시켰다.

 2건의 퇴직금 청구의 소는 원고의 항고로 이어졌고, 2022년 5월 대법원에서 원고의 청구가 최종 기각되어 회사의 승리로 마무리되었다.

8장

훌륭한 일터 만들기

훌륭한 일터 만들기

로버트 레버링은 훌륭한 일터를 '구성원이 자신의 상사와 경영진을 신뢰하고 자기 일에 자부심을 느끼며 함께 일하는 동료들 간에 일하는 재미를 느낄 수 있는 곳'으로 정의했다. 종업원들은 급여나 복지, 해고 정책, 인간적인 대우, 일하는 재미와 보람, 근무 환경에 대한 만족도를 훌륭한 일터의 기준으로 삼는다. 이러한 선택 기준을 넘어 직장인은 3가지의 관계 즉 상사와의 관계, 일과의 관계, 직원 상호 간의 관계 속에서 살아간다. 이 관계는 모두 상호 독립적이면서도 영향을 미치고 있어 어느 하나가 원만하지 못하면 스트레스가 되고 업무효율도 떨어진다.

재무제표상의 성과가 좋다고 좋은 회사나 훌륭한 일터로 단정 지을 수 없다. 물론 재무성과가 좋으면 급여나 복지, 해고 정책, 근무 환경에서 종업원 만족도가 높아질 개연성이 높다. 그러나 인간적인 대우나 일하는 재미와 보람은 임직원들이 만들어가는 기업 문화와 직결된다. 훌륭한 일터는 종업원의 생산성 제고로 이어질 가능성이 크다. 또 고객 가치와 주주 가치로 선순환적 가치 이전이 기대되므로 CEO는 훌륭한 일터 만들기로 회사의 완결성을 높여가야 한다.

✓ **공채 시도와 현실의 벽**
  중위권 대학 대상 추천 의뢰
  꿈과 현실, 아픈 청춘

✓ **창사 이후 첫 야유회**
  창사 후 7년간 직원 단합의 기회 부재
  2017년 가을부터 춘, 추계 직원 소통의 장(등산, 트레킹 등)

여행에서 만난 경영지혜

✓ **5월은 가족 사랑의 달**
  가정의 달 효도비(부모, 자녀 사랑)지급
  재택근무 겸용 고사양 랩탑 PC 지급

✓ **고객, 종업원, 주주: 삼위일체 경영**
  민원 다발 및 고객 신뢰 상실 영업점 현장 지도 강화
  자본 잠식 해소와 주주 배당, 직원 보상 강화

✓ **혼란 뒤의 염화시중**
  지점 이탈 후 사업 다변화, 직원 동유럽 연수

1. 공채 시도

기업의 역량

우리 회사의 직무 직군은 크게 네 종류로 구분된다. 행정 관리 직군, 채권 영업 직군, 중장기 채권 추심 직군, 단기 연체 관리 콜센터 직군으로 분류된다. 직군별로 다르지만 전반적으로 이직률이 높은 편이다.

특히 콜센터 직군은 약 80%가 여성으로 이직률이 더 높은 편이다. 단기 연체 관리 콜센터는 현장 매니저가 직원들의 현장 교육이나 실적 관리를 맡고 있다. 영업점(센터)장은 중장기 연체 채권 회수를 위임받아 지점 단위의 회수 업무를 관장한다. 이들은 금융 채권이나 민·상사 채권 등 연체 채권 수임을 위한 영업 활동도 겸한다. 따라서 영업점장의 미션은 우수 추심 위임직을 모집하여 회수율을 높이고 본사 영업지원팀과의 협업을 통해 채권 영업력을 확보하는 것이다.

약 15명 내외로 운영 중인 본사 직원들의 사무 처리 역량은 회사 발전에 제일 중요한 요소다. 그동안 열악한 보수 수준과 회사 인지도로 본사 인력 채용에 애로가 많았다. 몇 명 되지도 않는 본사 직원들이 수시로 입사와 퇴사를 반복하는 모습을 보면서 회사가 발전하기 어렵다는 생각이 들었다.

임원들 간 소통 단절 역시 직원들에게 부정적인 영향을 미치고 있었다. 경청이나 협업 분위기 대신 반목과 질시가 난무했고, 임원들 간에는 서로를 비방하는 일들이 비일비재했다.

그러나 본사 이전 등 응급 처방 후 우리 회사 방문객들은 누구나 확연하게 달라진 사무실 분위기에 찬사를 아끼지 않는다. 특히 채용 지원자들에게 회사 이미지가 계속 좋아지고 있고, 또 본사 직원들의 근무 만족도 향상은 급격한 이직률 하락으로 이어지고 있다.

회사 이전과 일할 맛 나는 근무 환경 조성으로 하드웨어 개선이 끝났으니 다음은 회사의 소프트웨어인 인적 자원의 강화로 눈을 돌려야 했다.

인적 자원 강화

지금까지 본사 인력 충원은 결원 발생 시에 동 업계 경력자들을 수소문하여 땜질식으로 충원하거나 인터넷 채용 사이트를 활용해왔다. 회사의 급한 불은 꺼졌으니 공채로 졸업생을 뽑아서 육성해보고 싶었다.

인력 모집 중개회사를 통한 경력자 채용은 실패를 거듭했다. 그래서 회사 인근 중위권 대학들에 추천을 의뢰해 보라고 했는데 경험 없던 담당 직원은 일을 어떻게 추진해야 할지를 몰라 차일피일 미루고 있었다.

회사에서 가까운 SJ 대학 경영학과 사무실로 전화를 했다. 회사 소개와 학생 추천을 얘기하니 조교 선생이 학과장 방으로 연결했다. 다행히 학과장께서 관심을 표명했다. 아직 취업에 운이 따르지 못한 제자 1명을 추천해 주면 최소한 3~4년 안에 반듯한 직장인으로 양성하고 본인이 타사 전직을 희망할 땐 조건 없이 보내겠다고 했더니 아주 신선한 제안으로 받아들였다.

물론 회사의 브랜드가 약하니 대표이사의 이력 일부를 알려 주었고, 첫 통화에서 신뢰를 확보할 수 있었다. 추천 요건으로 사무 처리 능력과 상황 대처 역량이 있는 학생이면 좋겠다고 했는데 전화를 끊고 나니 좀 과욕을 부린 것만 같았다. 곧 이메일로 추천 학생 이력서가 도착했다.

중소·중견 기업 직원들은 소속 회사에 대한 자긍심이 약하다. 따라서 교수 추천으로 검증된 인적 자원을 확보하고, 추천 교수와 회사 담당 임원과의 유기적 소통 채널을 구축하면 안정적인 채용 루트가 열릴 것으로 기대했다. 학교와 회사가 입사자의 안정적인 직장 생활을 위해 함께 노력하면 직장 초년생이 겪는 시행착오를 훨씬 줄일 수 있을 것이다.

또 회사에서 신입 채용 직원에 대한 오리엔테이션과 취업 이후의 경력 개발 관리에 적극적으로 나선다면 인력 채용의 선순환 구조를 마련해 나갈 수 있을 것이다. 같은 방식으로 추천받은 D 대학의 신입생은 회사의 문화에 잘 적응하고 부지런히 업무를 익혀가고 있다.

해가 바뀌어 다시 추천 공채 2기 두 명을 더 채용했다. 좋은 대학을 졸업하고 우수한 자질을 구비하여 회사가 거는 기대가 크다. 무엇보다 전기의 일부 공채생보다 훨씬 안정적인 근무 태도를 보여서 장기근속으로 이어질 가능성이 높아 보인다. 그리고 지금의 역량 발휘 열정과 태도를 유지한다면 반드시 회사의 동량으로 성장해 갈 것으로 믿는다.

2. 꿈과 현실, 아픈 청춘

인사 관리의 한계

공채 1기생 중 한 명이 퇴사를 통보해 왔다. 면담해 보니 금융 공기업 등 보다 안정적인 직장에 재도전하고 싶어 퇴사를 결심했다고 했다. 아직 젊은 나이니까 더 도전해보겠다는 생각을 말릴 수는 없었다. 한편으로 꿈과 현실의 부조화 속에서 흔들리는 내면을 엿볼 수 있었다. 주 52시간 근무 제한을 떠나 우리 회사는 야근이 거의 없으므로 근무와 병행하며 재도전을 해 보라고 권했다. 하루 동안 고민했지만 결국 회사를 그만두었다. 작년 가을부터 여러 곳에 응시했으나 코로나 이후로 채용 인원도 줄고, 또 본인의 준비도 부족하여 뜻을 이루지 못한 것으로 안다.

현실의 벽에 가로막혀 방황하는 젊은이들이 너무 많다. 누구나 보수가 높고 복지가 잘 완비된 직장을 바라지만 입사 확률은 턱없이 낮다. 100대 1의 입사 경쟁률은 기본이다. 그런데 저 임금의 중소기업은 사람 구하기가 쉽지 않다. 초임 연봉 3,000만 원 대의 직장은 대졸 취업 희망자들에게 계륵 같은 존재다. 1년 남짓 근무하다가 그만두고 실업 급여 받으면서 쉬다가 또 돈 떨어지면 직장을 구하는 만년 프리랜스 족이 늘어나고 있다. 실업 급여 제도의 취지는 좋으나 일부 젊은이들에게 직장이 그저 잠시 쉬어가는 간이역 역할만 하고 있음이 안타깝다.

회사를 떠나는 그 직원에게 마지막 당부를 했다. 가고 싶은 기관이나 기업을 몇 군데로 한정하고 열심히 준비해서 도전해 보라. 궁극의 준비에도 불구하고 모두 낙방하면 목표를 변경하라는 고언이었다. 그때는 눈높이를 과감하게 낮추고 새로 취업한 회사에 전력투구하여 남보다 앞서가는 전략을 택하는 것도

여행에서 만난 경영지혜

좋다고 조언했다. 우리와의 짧은 인연이었지만 그가 더 반듯한 직장을 잡았다는 희망 편지를 받았으면 좋겠다.

또 한 명의 사원은 지방대를 졸업했는데 회사 거래 관계로 우리 회사에 취업하게 된 경우였다. 열심히 해 보려는 꿈을 펼쳐 보기도 전에 기존 직원들과 오해가 생겨 출근을 포기했다. 본인의 취업 과정에 대하여 직원들 간에 설왕설래가 있음을 알고 스스로 입사를 포기한 것이다. 불과 일주일 만에 출근을 포기하니 회사의 인사 관리에 문제가 있음을 인정할 수밖에 없었다.

신입 사원을 충분하게 배려하지 못했던 관련 임직원들에게도 기업 문화 정립 차원에서 교육이 필요했다. 산업혁명 때는 기계화로 수많은 노동자가 실업자로 내몰렸으나 AI로 대변되는 4차 산업 시대에는 화이트칼라 직업군의 몰락이 급속하게 진행 중이다. 시대의 아픔을 겪고 있는 아픈 청춘들이다.

3. 창사 첫 야유회

회사에 합류하고 한 달이 지나자 계절은 가을로 접어들었다. 창사 이후 7년 동안 야유회와 전체 회식이 한 번도 없었다니 믿기지 않았다. 자본을 잠식하고 또 임원 사이에 갈등도 많았으니 한편으로 이해도 되었다. 그럴수록 필요한 것이 직원들 간의 정서적 교류인데 눈감아 온 조직 문화가 아쉬웠다. 전 직장에서는 중국으로 야유회를 다녀온 후 직원들의 사기가 한층 충만했던 경험이 있었지만 여기서는 하루하루 연명조차 힘드니 야유회는 언감생심이었다.

2017년 가을 금요일 오후에 가까운 청계산으로 임직원들과 등산에 나섰다. 평소 체력 관리에 소홀했던 몇 명의 중도 포기가 있었지만 무리할 이유는 없었다. 전 직원의 참여만으로도 의미가 있는 첫 번째 행사였다.

하산 후 청계골 식당에서 막걸리로 마음을 여는 시간을 가졌다. 어느 정도 분위기가 무르익고 팀원들 간에 술잔과 대화가 오고 갈 때쯤 살짝 자리를 비켰다. 첫술에 배가 부르겠냐만 노력한 만큼 좋아지는 것이 사람 간의 소통 노력이다.

그다음 해 봄 야유회도 다시 청계산으로 갔는데 전원이 정상에까지 오르는 모습을 보며 작은 변화를 느낄 수 있었다. 2020년 회사 정상화 이후의 야유회부터는 회사 임직원들의 일체감 조성과 자긍심 고양을 위해 티셔츠나 등산화 등 등산 소품을 준비하여 직원들의 좋은 반응을 얻고 있다.

4. 5월은 가족 사랑의 달

2021년 5월이다. 5월 5일은 어린이날, 사흘 뒤 8일은 어버이날이다. 뒤이어 15일은 스승의 날이고, 21일은 부부의 날이니 그야말로 5월은 '가정의 달'이다.

대기업에 다니던 시절에는 가정의 달이면 회사의 복지 카드에 자녀 사랑과 부모 효도를 위한 지원금이 쏠쏠하게 입금되곤 했었다. 하지만 우리 회사는 저조한 이익률로 주주 배당마저 미루어 온 실정이니 직원들에 대한 배려는 생각할 여유가 없었다. 하지만 2020년 결산부터 주주 배당을 할 수 있을 만큼 회사의 수익이 튼실해졌다. 2021년은 창사 이후 최대의 매출과 영업이익을 달성할 수 있을 것으로 예상되었다.

회사 발전에 공헌한 직원들에게 별도의 배려가 없다면 포괄임금 계약에 따라 늘어난 이익 배분에서 소외될 수밖에 없다. 어린이날이나 어버이날에 정성 담긴 선물을 마련하려면 지금의 박봉으로는 무리가 따를 것이다. 직원들이 작은 선물이라도 살 수 있게 최소한의 금전적 지원이라도 해 보고자 요모조모 살펴봤으나 직원 숫자가 많아서 엄두가 나지 않았다. 자녀들, 부모님들, 부부지간, 스승에게 감사하는 5월은 여느 달보다 쓰임새가 클 것이다.

일부에 대한 쥐꼬리 격려가 공정에 대한 시비 대상이 될 수도 있지만 가용 재무 역량 내의 시험적 도입은 장차 모든 직원을 혜택 대상으로 넓혀 갈 첫 단추가 될 것이다.

5. 삼위일체 경영(고객, 직원, 주주)

고객 가치 달성

고객의 가치를 높이려면 우리의 고객이 누구인지를 명확하게 인식할 필요가 있다. 신용정보사의 고객 구성은 다층이다.

우선 채권을 위탁하는 금융사나 기업이 1차 고객이며 추심 대상인 채무자도 회사의 2차 고객이다. 1차 고객의 가치 제고는 훌륭한 채권관리 시스템과 우수한 추심 종사자를 확보하여 회수율을 높이는 것이다.

2차 고객의 가치 제고는 금융소비자보호법과 금감원의 대출채권 추심 가이드라인 준수 등 채무자의 권리가 침해받지 않는 적법한 추심 활동을 하는 것이다. 고객의 기대 회수율에 미달하여 고객사의 이익을 저해하고 아울러 회사의 영업이익을 갉아먹는 영업점 3곳을 선제적으로 폐쇄했다. 그리고 고객의 민원이 잦은 지점에는 심방 지도를 강화 중이다.

어떤 상사 채권 회수 지점은 실질적 추심 노력보다 신용조사서 발급 수수료에 더 집착해 고객의 민원을 유발하기도 했다.

강력한 지도에도 영업 관행이 고쳐지지 않으면 해당 점포의 존폐를 재검토할 예정이다. 눈앞의 이익에 매몰되어 고객의 마음을 놓치면 회사는 침몰하는 배와 다를 바 없다. 앞으로 회수 편의적 부분 탕감을 넘어 채무자의 가정환경이나 상환 역량 등 채무자 여건(상황) 중시의 탕감을 채권 회사에 건의하는 등 새로운 패러다임으로 신용정보사의 차가운 이미지를 개선할 필요가 있다.

진정한 고객 가치는 회사가 고객의 요구에 끌려갈 때가 아니라 능동적으로 고객을 배려할 때 만들어진다.

직원 가치 제고

2020년 7월 창사 10주년 기념식에서 코로나가 물러갈 것으로 예상한 2021년에는 미루었던 해외 연수도 많이 보내겠다고 약속했었다. 그동안 회사의 수익 기반도 자리 잡혀 약속을 지킬 여건이 조성되었지만 코로나 바이러스 창궐로 2021년에도 해외 연수를 실시할 수 없었다.

조직을 이끌면서 직원들에게 한 약속을 환경 탓으로만 돌리고 아무런 조치 없이 넘기는 것도 직원들에 대한 신뢰나 기대를 저버리는 일이다. 그래서 이런저런 생각 끝에 코로나로 인한 재택근무에도 도움을 줄 겸 직원들에게 개인용 컴퓨터를 제공하기로 했다.

대기업이나 금융지주 계열의 금융사들은 창사 기념일이나 전사 이익목표 달성 시 금전 보상이나 현물 보상을 한다. 중소기업에서는 이익 목표 달성으로 주주 가치를 지키기에도 급급하니 직원들에게 정해진 급여에 더하여 추가적인 보상을 하기가 쉽지 않다.

우리 회사는 상반기 실적을 리뷰하고 하반기 예상 실적을 충분하게 검토한 뒤에 주주의 가치를 얼마만큼 제고할 수 있을지부터 검토했다. 과거 연도의 수익보다 월등하게 신장 될 수 있다는 확신과 직원들의 기대 심리를 묶어 본사 직원들에게 고사양 랩탑 PC로 보상했다.

창사 이래 처음 있는 일로 직원들의 반응은 뜨거울 수밖에 없었고 회사에 대한 애정이 고양됨을 느낄 수 있었다. 직원들이 회사를 더 일하기 좋은 일터로 느낄 수 있게 제도와 시스템을 개선해 나갈 예정이다.

주주 가치 극대화
주주 가치의 극대화는 신자유주의 경제 체제에서 보편적 기업 경영 이념으로 통했다. 전문 경영자는 최소한의 주주 요구 수익률을 뛰어넘어 더 큰 수익을 위해 노력해야 한다는 것이다. 부임 이후 이월되어 넘어온 퇴직충당금 과소 적립분 약 10억 원과 팀장의 불법 퇴직금 및 급여 횡령액 4.7억 원의 사후 변제를 완료했다. 내부 통제 절차의 미비로 가공 명의의 추심 직원에게 매월 지급되던 연 3억 원 규모의 추심 성과 수수료도 발견 즉시 지급 중단시켰다.

신규 거래처 확보와 신사업으로 연평균 매출 증대는 업계 수위를 달렸다. 도급사별 영업이익 분석으로 목표 영업이익을 달성했고 적정 판매 관리비 통제로 회사의 비용 구조도 대폭 개선했다. 또 채권 관리 시스템 개발로 영업점 업무 지원을 강화했고, 본사 이전과 직원 충원을 완료했다. 이런 다양한 변화로 지난 4년간의 모든 경영 지표가 급격하게 우상향하는 모습을 보였다.

EPS는 주식 1주(당사 액면: 5천 원)가 1년간 번 당기순이익을 나타낸다. 우리 회사의 EPS는 2018년 주당 39원에서 2021년 1,470원으로 대폭 상승했다.

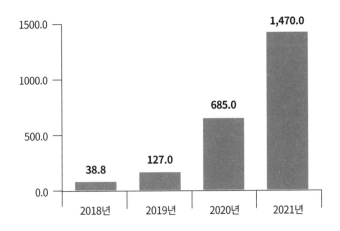

주당순이익 추이

EPS(earning per share): 주당 수익 (단위: 원)

6. 혼란을 딛고 이룬 조직 안정

조직 안정의 조건

다사다난했던 2년을 보내고 2020년 초부터 회사가 안정을 찾기 시작했다. 매일 아침 임원 차담으로 사무실 분위기와 거래업체 동향 등 정보를 교환하기 시작했다. 사무실 분위기가 정상으로 자리 잡아가는 모습이다.

주간 팀별 회의와 별도로 매월 초일에는 전 직원 조회 시간을 갖고 회사 돌아가는 상황을 본사 전 직원이 공유한다. 업무 프로세스 교육 및 직장 예절 등 직장인의 기본 소양에 대해서도 교유한다. 매월 생일을 맞이하는 직원들에게 원하는 도서를 구입하여 선물한다. 권위주의적 리더십 대신에 조정과 동기부여 리더십을 보여주니 직원들 간의 반목이나 무관심도 차츰 사라졌다. 우리 회사도 협업 툴이 있으면 직원 간 소통에도 도움이 되고 또 팀 간의 정보 교환이나 업무 추진이 원활해질 것으로 판단되어 마드라스체크(주)의 협업 툴인 FLOW(플로)를 도입했다.

본사 인력과 단기 연체 관리 콜센터 매니저 등 등록된 직원들의 활용도가 갈수록 높아지고 있다. 짐 콜린스의 역작『좋은 기업을 넘어 위대한 기업으로』에서 지적한 바와 같이 한 방향으로 바라보고 함께 갈 임직원이 아니라면 빨리 버스에서 내리게 해야 한다는 가르침은 유익한 조언이었다.

바라보는 방향이 다르거나 CEO의 생각을 헤아리지 못하거나 역량이 현저히 부족한 사람은 회사 버스에서 빨리 하차시켜야만 버스가 목적지에 무사히 도착할 수 있다.

지점 관리 강화

독립채산형 지점과의 일부 미결 현안들도 하나씩 풀어감에 따라 본·지점 간의 오해와 서운함도 풀리기 시작했다. 또 영업 및 회수 실적에도 긍정적 바람이 불기 시작했다.

호사다마라고나 할까? 2020년 봄 회사의 상처들이 하나둘 아물어 갈 즈음 경쟁사의 타사 영업 조직 흔들기에 휘말려 6장에서 이야기한 2개의 지점이 타사로 전직했다. 부산 중앙 지점은 규모가 작았으나 광주 지점은 비교적 알차게 기반을 다져가는 지점이었는데 아쉬운 일이다.

자체 영업으로 꾸려가는 독립채산형 지점은 본사의 영업 지원이 약하거나 타사의 당근책, 예컨대 이적 후 1~2년간 약정 본부 비용을 감면하는 조건 등에 쉽게 동요된다. 제시 조건에 혹해서 떠나려는 지점장을 붙잡으려면 기존의 본사 공통비율을 낮추거나 또 다른 당근책을 주어야 한다. 아니면 탄탄한 본사의 영업 조직으로 수임받은 채권을 각 지점에 할당할 수 있을 때 비로소 영업점 관리에 주도권 행사가 가능하다.

대형 지점인 강서 지점은 담당 임원과의 마찰로 타 경쟁사로 떠났으니 상사 채권 회수조직과 매출에 적잖은 타격이 있었다. 그동안의 정분이나 의리로 다소 고민하는 지점장도 있었으나 독립채산형 지점장이 자기 이익을 먼저 생각하는 것은 당연한 일이다. 그래서 갈 사람은 결국 모두 가고 말았다.

이가 없으면 잇몸으로 살아가는 것이 조직의 생리다. 상사 채권 부문의 매출과 수익이 줄어든 부분을 대출 자서 대행 업무 등 신사업 유치로 충분하게 보완할 수 있었다. 역설적이지만 사업 포트폴리오의 다변화로 회사 수익구조의 안정성을 제고하는 기회가 되었다. 나아가 강북 지점과 강동 지점의 신설 또한 떠난 지점들의 빈자리를 부분적으로 메워주고 있기에 다행스럽다.

신 경영, 공유 가치 창출

KS신용정보의 경영을 통해 또 하나 얻은 지혜가 있다. 제품이나 사람이나 제값 주고 적재를 골라서 적소에 쓸 때 소위 말하는 가성비가 높다는 사실이다. 한마디로 비싼 명품과 고연봉의 임원은 둘 다 제값 한다는 것이다.

회사의 사세가 빈약해서 그동안 직원들과 마찬가지로 임원들 역시 역량을 갖춘 중량급 인사를 초빙하지 못했다. 지금같이 안정적인 성장과 수익을 지속하면 KS신용정보가 세상에 알려지는 것은 시간 문제일 것이다.

기업의 수준은 CEO의 수준에 좌우되지만 나아가 그 CEO를 선택하는 것은 결국 이사회나 주주의 수준이다. 어떤 레벨의 CEO를 초빙하느냐는 전적으로 주주의 판단이다. 모든 기업의 성장과 수익 활동은 근본적으로 선한 경영에서 출발해야 한다.

회사의 비용 축소를 위해 사회적 비용을 유발하거나 고객 가치를 저해하는 기업은 지속 가능한 기업이 될 수 없다. 기업의 사회적 책임이 강조된 지는 벌써 오래되었다. 수익의 일부를 사회 공헌으로 환원하는 활동도 고려해야 할 부분이다.

사회적 책임을 넘어 공유 가치의 창출Creating Shared Value은 제품이나 서비스 등 기업 활동 자체에 고객 가치를 선반영하는 경영 기법이다. 요즈음 화두인 ESG(Environmental환경, Social사회, Governance지배구조)에 대한 기업의 책무 역시 경영에 우선적으로 반영해야 할 사안이다.

좋은 재무제표는 좋은 회사의 충분조건이 아니라 필요 조건에 지나지 않는다. 직원과 취업 준비생들이 훌륭한 일터로 인식하고 소비자와 사회에 좋은 이미지로 다가갈 수 있는 기업 문화를 만들고 유지해야 정말로 좋은 기업이다.

지금부터는 훌륭한 일터 만들기에 더 관심을 가질 생각이다. 직원 각자가 상사와의 관계. 일과의 관계. 직원들 간의 관계에서 스트레스를 덜 받으면서 업무 효율을 올릴 수 있는 기업 문화가 형성되면 훌륭한 기업이다. 무엇보다 주당 자산 가치를 높여 주주 가치를 제고함과 동시에 직원의 보수와 복지도 대폭 개선하여 젊은이들이 중소기업에서도 자신의 꿈과 기량을 마음껏 펼칠 수 있다는 희망의 메시지를 주면 좋겠다. 우리 중소기업 주주와 경영자들이 이 같은 양질의 일자리를 많이 만들 수 있도록 지혜를 모아가야 할 것이다.

7. 직원 배낭 연수 프로그램 운영

① 송년회의 약속

2021 사업연도의 실적을 보고하는 주주총회에서 최근 4년간의 각종 경영지표 개선 사항을 종합적으로 리뷰하는 시간을 가졌다. 업계 내 우리 회사 매출액 순위나 수익 상승 그리고 매년 1등급씩 무려 4단계나 상승한 기업 신용등급 등 괄목할 경영실적이 있었다. 당연히 높은 실적을 바탕으로 높은 배당 성향의 주주 배당도 했다. 직원들의 급여도 회사 성장 수준을 감안하여 보다 현실화가 필요하다는 제안을 했고 주주의 흔쾌한 동의가 있었다.

창사 이래 오랫동안 열악한 보수 수준으로 좋은 인력의 확보가 어려웠다. 지난 4년간 회사의 꾸준한 성장을 바탕으로 업계 내 중위권의 급여 수준을 확보했지만 앞으로 업계 내 최고 수준의 급여복지 수준을 유지하는 것이 중장기 목표이다.

지난 4년간의 매출액, 영업이익과 당기순이익 증가율, 자기자본 수익률, 자산 수익률의 개선은 물론이고 BB0의 기업 신용평가 등급이 BBB+로 격상되는 모습을 보면 이와 같은 경영의 목표가 결코 실현 불가능한 목표가 아님을 알 수 있다.

직원들이 회사의 변화와 발전을 체감하면서 업계 내의 유능한 경력직 인력을 확보하기가 한결 쉬워졌다. 또 이와 같은 회사의 체력 강화는 대졸 신입 사원 확보에도 긍정적 시그널로 작용하고 있다.

공채 1~2기에는 중상위권 이상의 학교 출신 신입 사원들이 입사해 근무 의욕을 불태우고 있으며 회사의 미래 자산으로 성장해 가고 있다. 따라서 이들 인적자원에 대한 안정적 근무 환경 제공은 경영자들이나 간부 사원들이 지켜 가야 할 책무다. 이른바 MZ 세대에 대한 이해도를 높이고 그들의 자긍심을 높이는 직장 문화가 정착되어야만 신입 직원들이 회사에 애정을 가지고 근무할 것이다.

2019년 12월 대전 K 카드 연체 관리 센터 송년회 자리에 참석해 직원들의 노고를 치하하며 '올해의 우수 직원'으로 선발된 12명에게 유럽이나 미주 여행을 기획해 보겠다고 했더니 환호성이 터졌다. 팬데믹 이전에는 해마다 소수의 우수 직원을 선발하여 도급사인 K 카드 지원으로 태국이나 베트남 등 동남아 여행을 실시해 왔지만 우리 회사 자체 예산으로 해외 연수를 실시한 경우는 없었다. 우선 도급사 지원에 회사 예산까지 보태니 연수 대상자가 늘어남에 직원들이 크게 기뻐했다. 또 기존의 동남아 3~4일 코스를 일주일 이상의 유럽이나 미주 배낭 연수로 변경 검토하겠다니 환호성이 더욱 커졌다. 그런데 직원들의 환호성이 채 가시기도 전에 코로나 팬데믹이 덮쳤다. 이런 상태로 벌써 2년 반이 지났다.

2022년 봄 드디어 팬데믹이 대유행의 정점을 지나자 직원들의 해외 연수 요구가 있었다. 용기와 만용 사이에서 의사결정이 필요했다. 출국에는 아무런 문제가 없었지만 해외 체류 중 코로나 감염시 입국이 불가하다는 질병관리본부의 방침 때문에 쉽게 결정을 내릴 수 없었다.

② 미래를 위한 장기 투자, 직원 육성

위험 분산을 위해 총 4회 차로 나누어 계획을 세웠다. 1차가 봄에 완료되고 2차 연수단 8명은 여름에 동서 문화의 교차지인 튀르키예를 방문했다. 11월에는 3차 연수단이 스페인에 가기로 했다. 여행지와 진행 방식 모두 자율적으로 진행되는 배낭 연수를 통해 부서 및 팀 간의 협업 분위기가 확연하게 좋아지고 있다.

가이드 없이 만들어가는 여정에서 마주치는 난제들을 스스로 해결해 감으로써 문제 해결력과 팀워크를 키우는 좋은 기회가 되었다. 나아가 직원들의 사기와 애사심이 눈에 띄게 좋아졌다. 이 또한 전임 직장에서의 선험을 통해 얻은 소중한 경영지혜다.

직원 육성에 드는 돈은 비용이 아니라 투자로 인식해야 한다. 부서 간의 소통 단절에서 오는 조직 비효율을 제거하고 직원 사기 제고로 장기근속을 유도하여 잦은 이직과 채용의 반복을 단절하게 되면 유무형적 재무 효과는 뒤따르게 마련이다.

인적자원 관리와 육성에 투입되는 돈을 비용으로 인식하는 경영자는 좋은 회사를 만들어 가겠다는 장기 비전이 약한 사람이다.

③ 함께 만드는 여정, 동유럽 3국

1차 연수단은 2019년 대전 카드 연체 관리 센터 근무 우수직원 중 4명과 본사 창립 10주년 유공 직원 4명, 총 8명으로 구성했다. 유공자 위로의 성격이지만 계획부터 종료까지 참가자 모두 역할을 나누어 맡고, 문제 해결 역량을 키우는 콘셉트로 기획했다.

운영 리스크를 고려하여 코로나 확진 이력자와 미확진자중 항체 형성 보유자를 중심으로 꾸렸다.

방문국은 동유럽 3개국체코, 오스트리아, 헝가리으로 잠정하고 비행기 티켓 가격 동향을 살폈다. 2~3주 만에 마침 폴란드 항공에서 바르샤바 경유 체코 프라하행 왕복 티켓이 68만 원에 고시되었다. 직원들에게 티켓을 확보하라고 단체 카톡방에 알렸다. 시시각각 변하는 가격을 경험하며 결국 68~84만 원의 가격대에서 각자 티켓 구매를 완료했다.

현지 이동은 버스나 기차를 이용한 대중교통을 염두에 두었으나 시간 절약과 캐리어 보관 편의 등을 고려하여 9인승 밴 렌터카를 출국 전에 예약했다. 숙소는 부킹닷컴 앱과 에어비앤비 앱으로, 그리고 현지 식당은 트립 어드바이저나 구글링으로 해결하기로 했다.

국제 운전 면허증 준비, 숙소 서치 및 예약, 길 찾기, 현지식당 조사 등 각자의 역할을 분담했고 모두가 착오 없이 잘 수행했다.

루트는 체코 바츨라프 하벨 공항-타보르-체스키크룸노프-할슈타트-잘츠부르크-빈-부다페스트-브르노-프라하-바츨라프 하벨 공항으로 이어졌다. 일평균 250km를 이동하는 먼 길이었다.

④ '사운드 오브 뮤직' 따라 오스트리아로

첫날은 장거리 비행의 피로감을 고려하여 프라하와 체스키크룸노프의 중간 지점인 타보르에서 1박 하기로 했다. 이 도시는 1420년 종교 개혁가 얀 후스의 추종자 중에 급진파인 타보르파에 의해 만들어졌다. 도심에는 지주카 광장이 있고, 얀 후스파의 지도자였던 얀 지주카의 동상과 광장을 중심으로 방사선형 골목들이 요새의 역할을 하고 있었다.

여행을 준비하면서 체코에 가면 전통음식인 꼴레뇨는 꼭 직원들과 함께 먹어보고 싶었다. 돼지 무릎을 하루 동안 맥주에 재웠다가 오븐에서 구워낸 요리로 우리의 족발 요리와 비슷한데 맥주와 너무나 잘 어울리는 음식이었다. 지주카 광장 옆 레스토랑에서 첫날 첫 식사로 접한 꼴레뇨와 코젤, 우르켈 맥주는 여행이 끝날 때까지 우리의 기호식이 되었다.

다음 날 아침 일찍 일어나 체스키크롬노프로 향했다. 동화 속의 그림 같은 마을로 유네스코 문화유산으로 등재된 곳이다. 코로나 시국에 아직 여행이 활성화되지 못했기에 오히려 차분한 분위기 속에서 훨씬 더 여유 있는 진행이 가능했다.

마을 안길을 걷다 성벽에 올라 그림엽서 같은 마을 전경을 내려다보고 성 아래 강변 식당에서 굴라쉬 등 현지 음식으로 오찬을 즐긴 후 다음 목적지인 오스트리아 할슈타트로 이동했다. 설산의 풍경을 반영하는 푸르고 잔잔한 호수, 산비탈을 따라 줄지어 들어선 고풍스러운 마을과 다흐슈타인의 고봉이 어우러진 멋진 풍광에 참가한 직원들은 모두 감탄사를 연발했다.

특히 할슈타트 마을의 호수 옆 관광 보행로를 벗어나 산비탈의 나무들 사이에 위치한 집들 사이로 난 마을 안길을 따라 걸으며 내려다보는 호수의 절경은 형언하기 힘들 정도로 아름다웠다.

여행에서 만난 경영지혜

소금 광산이 일찍 문을 닫는 바람에 푸니쿨라를 타고 광산 내부를 투어하려던 계획은 물거품이 되고 말았다. 광산 매표소 입구의 기념품점에서 다양한 결정의 소금 구경과 기념품 구입으로 아쉬움을 달래며 곧장 약 1시간 10분 거리의 빈으로 향했다.

할슈타트에서 잘츠부르크로 가는 길에는 만년설이 뒤덮인 산봉우리와 푸른 목초지 위에 자리한 시골집들이 그림처럼 아름다웠다.

도착하자마자 미리 찜해둔 슈니첼돈가스와 유사한 독일어권 음식 맛집으로 갔지만 빈자리가 없었다. 대신 400년 된 아우구스티너 브라우 클로스터 뮬른 인 잘츠부르크Augustiner Bräu Kloster Mülln in Salzburg라는 유명 맥줏집으로 갔다. 합리적인 가격에 맥주와 음식의 절묘한 조합이 여행자의 피로를 날렸다. 맥줏값을 계산 후 맥주잔을 받아 잔을 씻은 다음 맥주를 받으러 가야 하는 독특한 맥줏집이었다.

모차르트 생가, 호엔 잘츠부르크성과 미라벨 정원 탐방 등 주요 관광 포인트를 둘러본 뒤에 오후에 빈으로 출발했다.

빈에서는 이른 저녁 시간에 도착해서 살름 브라우Salm Bräu라는 펍 레스토랑에서 폭립Pork Rip등 현지 음식과 다양한 맥주를 즐겼다.

간혹 가이드가 인솔하는 패키지 여행에 참가해 보면 반드시 식사 때마다 일행의 테이블에 고추장이나 김, 멸치볶음과 볶은 김치 등이 스멀스멀 올라오기 마련이다. 그런데 우리는 김 한 장 준비한 게 없었으니 처음에는 준비가 소홀했나? 여행 끝까지 잘 버틸 수 있을까? 하는 의구심이 들기도 했다. 왜냐면 상대적으로 여행 경험이 많지 않은 직원들이기에 현지 음식 부적응이 살짝 우려되었기 때문이다. 그런데 막상 여행이 진행될수록 참가자 모두 현지식을 더 즐기고 있지 않은가. 매사 긍정적이고 적극적인 성품들이 식성에도 긍정적으로 작용하는 것으로 보였다. 낯선 것을 거부하기 보다는 새로운 것에 대한 호기심과 좋은 경험으로 받아들이는 그들을 보니 더 넓은 세계를 살아갈 준비가 되어 있는 듯 보여 흐뭇했다.

이튿날 합스부르크 왕국의 찬란했던 역사를 담고 있는 쉔브룬 궁전을 방문했는데 경복궁이나 창경궁에 익숙해 있던 우리는 모두 그 규모에 압도되었다.

이어서 구스타프 클림트, 에곤 실레를 비롯한 오스트리아 대표작가와 르누아르, 모네와 같은 프랑스 인상파의 걸작들이 소장되어있는 벨베데레 궁전을 찾았다. 특히 그 유명한 구스타프 클림트의 〈키스〉라는 작품 앞에서 모두가 숨죽인 채 황금빛

　　　　　여행에서 만난 경영지혜

감흥에 사로잡혀 자리를 떠나지 못했다. 한 여직원은 이 그림만으로도 이번 여행의 가치는 충분하다며 감격했다. 이어서 빈 대학교와 국립오페라 극장 등을 둘러본 뒤에 부다페스트로 향했다.

⑤ 다뉴브강과 '글루미 선데이'

J 팀장과 번갈아 운전해서 고속도로를 달려 부다페스트에 도착했다. 서산마루에 걸린 해가 석양을 토해내고 다뉴브 강물이 황금빛으로 물들고 있었다. 벌써 때 이른 저녁 시간이 되었다.

세인트 스테판 성당과 마주한 미토로지MEATOLOGY라는 식당에서 식사를 마친 후 다뉴브강 너머 의사당 맞은편으로 건너갔다. 세계적으로 유명한 부다페스트의 야경을 보기 위함이었다. 아닌 게 아니라 세체니 다리와 의사당 쪽의 고풍스러우면서도 화려함을 뿜어내는 야경은 우리의 기대를 저버리지 않았다. 이튿날에는 세인트 스테판 성당을 기점으로 의사당, 세체니 다리, 부다 캐슬어부의 요새, 겔러트 힐 등을 차례로 둘러보았다.

유홍준 교수는 그의 저서 『나의 문화유산 답사기』에서 '아는 것만큼 보인다'는 유명한 말을 남겼다. 해외여행을 자주 하면서 방문 국가의 인문 지리나 역사, 문화는 특히 관심 가는 분야였다.

출발 전에 서적이나 유튜브 자료 등으로 방문 예정 3국의 역사와 문화에 대해서도 어느 정도 공부했고, 가이드가 없는 여행이어서 가는 곳마다 조금씩 얘기하고 싶었지만 그만두었다. 오래전에 참가했던 여행사 단체 여행에서 가이드의 설명을 경청하는 사람이 거의 없었던 기억이 떠올랐기 때문이다. 게다가 흥미를 끌만큼 재미있게 이야기를 풀어가거나 재치 있는 입담으로 좌중을 쥐락펴락할 말재주가 없다 보니 남 앞에 섣불리 나서기가 부담스러웠다. 그러나 누군가 궁금해하거나 묻는 말에는 조금씩 설명을 보태려고 맘먹고 있었다.

이때 직원 한 명이 영화 〈글루미 선데이〉를 언급했다. 음악과 영화에 대한 해설은 물론 당시의 사회적 배경까지 설명하는 걸 보니 여태 나서지 않았을 뿐 그 내공이 만만찮음을 짐작할 수 있었다. 겸손이 미덕임을 또 한 번 되새겼다.

세체니 다리 아래로 유유히 흘러가는 다뉴브 강물을 마주하면 영화 〈글루미 선데이〉의 장면들도 함께 흘러간다. 유대인 라즐로는 영화의 주인공인 일로나와 연인 관계로 함께 부다페스트에서 유명 레스토랑 '자보'를 운영 중이다. 피아노 연주자 채용 면접에서 안드라스는 〈글루미 선데이〉라는 자작곡을 연주했다. 일로나는 그의 연주와 풋풋한 젊음에 한순간 마음을 빼앗긴다. 라즐로는 탐탁스럽지 않았지만 일로나의 간청에 못 이겨 채용을 승낙하고 이때부터 일로나는 두 남자와 삼각사랑에 빠져든다. 이때 라즐로의 심중 독백 "일로나를 완전히 잃느니, 한 부분이라도 가지겠어"는 관객의 감정선을 묘하게 흔든다.

또 다른 남자 독일인 한스는 일로나에 실연당해 고국으로 돌아간 뒤에 2차 대전 중 나치군의 대령으로 변신하여 부다페스트에 진주한다. 유대인 라즐로의 핍박을 감지한 일로나는 한스의 부적절한 요구까지 들어주며 그를 구하려고 한다.

이런 내막을 눈치챈 안드라스는 식당을 찾은 한스의 요구에 마지못해 음악을 연주한 뒤에 권총으로 자결한다. 라즐로는 결국 아우슈비츠로 끌려가고. 두 남자를 잃어버린 채 일로나는 '자보'를 지키며 살아간다.

세월이 한참 흐른 뒤에 한스는 그의 부인 및 지인들과 자보식당을 찾았고 은발의 일로나는 한스의 음식에 독극물을 넣어 통쾌한 복수를 한다.

〈글루미 선데이〉의 메시지는 모든 사람에게는 자신만의 존엄성이 있는데 그 존엄성이 상처받고 모욕당하면 차라리 그때는 떠나는 것이 나은 선택임을 암시한다. 존엄을 지키고자 떠나는 경우나 삶을 유지하고자 존엄을 버리는 경우나 삶은 무거운 존재다.

부다페스트를 떠나 브르노로 향하는 차 안에서 우리는 〈글루미 선데이>에 대한 얘기를 좀 더 이어 나갔다. 주변에 실존하는 사람이 화제의 당사자가 되었을 때는 차마 드러내기 어려운 생각도 영화 속의 등장인물을 빌리면 달라진다. 이따금씩 영화 속 주인공의 삶은 곧 우리 삶의 카타르시스가 되곤 한다.

두 남자를 사랑한 일로나의 사랑을 윤리적 철창 속에 가둘 것인가? 인간 본성으로 받아 줄 것인가? 라즐로의 배려에 감사하면서도 안드라스에 연정을 품은 일로나, 그런 그녀를 이해하고 받아들이는 라즐로의 마음은 또 어떻게 이해해야 할까? 미묘한 생각들의 차이를 확인하는 사이에 차는 어느덧 슬로바키아 수도 브라티슬라바를 비켜 달리고 있었다.

다만 독일인 한스가 의리 없고 야비한 사람이라는데 이견이 없었다. 젊은 날 그의 청혼을 거절했었고 백발의 노신사로 자보 식당을 다시 찾은 한스를 쓰러뜨린 일로나의 행동 또한 모두가 통쾌한 일로 평가하면서 우리는 하나 되는 여정을 이어가고 있었다.

⑥ 프라하의 봄

부다페스트와 프라하의 중간 지점인 브르노에서는 숙소를 시골 마을의 펜션으로 정했다. 전형적인 동유럽 시골 마을은 넓은 풀밭과 노란 유채꽃이 끝없는 융단처럼 펼쳐져 그림 같은 풍경을 이루고 있었다. 다음 날 아침 일찍 조용히 동네 한 바퀴를 돌아보던 나는 갑자기 어린 시절 내 고향 마을이 떠올랐다.

소학교 다닐 무렵 봄, 여름이면 퇴교 후에 고삐를 소의 목에 단단히 두르고 마을 뒷산으로 꼴 먹이러 가는 게 일과였다. 그런데 가끔 우리 소가 동네 소들의 무리를 이탈해 사라질 때가 있었다. 그러면 집안의 1호 자산을 잃어버린 죄책감에 사색이 되어 밤늦게 관솔불을 밝히고 아버지와 함께 찾아 나섰던 기억이 또렷하다.

잃어버린 소는 대부분 무덤 옆에서 찾는 경우가 많았다. 마치 돌아가신 조상님과 두런두런 대화라도 나누듯 혹은 무덤을 지키고 있는 듯 어둠 속에 서 있는 소를 보면 반가움과 왠지 모를 경외심이 느껴졌다. 당시 소는 농사에 큰 힘을 보탤 뿐만 아니라 필요할 땐 송아지를 팔아 등록금 등의 목돈을 마련할 수 있게 해주는 든든한 경제적 버팀목이었다.

일찍이 유럽에서는 개들이 양을 지키는 가산의 수호자였기에 개고기를 터부시했다고 들었다. 그런 논리라면 우리는 쇠고기를 멀리해야 하지 않을까? 한가로이 풀을 뜯는 체코의 방목 소를 보면서 어린 시절 우리 집에서 키우던 소의 유순한 눈망울을 떠 올리는 아침이었다.

체코의 시골 마을을 뒤로한 채 브르노 시내 광장과 성당 등을 둘러보고 곧장 프라하로 입성했다. 〈프라하의 봄〉을 연상시키는 바츨라프광장과 구시가 중앙광장, 천문시계, 카를교와 프라하 성을 둘러보고 이튿날에는 인근 소도시 플젠을 찾아 필스너 우르켈 맥주 공장을 견학하고 시음을 즐겼다.

〈프라하의 봄〉에서 '봄'이란 단어는 자유, 민주를 상징한다. 1968년 소련이 믿고 정권을 맡긴 체코의 둡체크가 '인간의 얼굴을 한 사회주의'를 표방하며 언론, 출판, 집회의 자유를 보장하고, 경제 수정주의와 민주주의를 도입함으로써 프라하에 정치적 봄이 찾아왔다.

이에 소련은 이웃 바르샤바조약 군과 합동하여 둡체크 정권의 반사회주의 노선을 무력으로 저지하기 시작했고, 바츨라프광장에서는 시민들의 평화 시위가 일어났는데 얀 팔라흐와 자이츠 등은 분신으로 맞서기도 했다.

원래 〈프라하의 봄〉은 체코 필하모니 결성 50주년을 기념하여 1946년부터 매년 5월에 프라하에서 개최되는 음악제의 이름이었다. 따라서 스메타나의 〈나의 조국〉 중 몰다우를 듣고, 밀란 쿤데라의 『참을 수 없는 존재의 가벼움』의 의미를 함께 되새겨 본다면 체코 여행이 보다 풍성해 질 것이다.

7박 9일간의 빠듯한 동유럽 연수 일정을 처음부터 끝까지 렌터카로 샅샅이 누비고 다녀 볼 만한 곳은 거의 빠짐없이 둘러봤다. 뿐만 아니라 일정에 참가한 직원들 모두가 양보와 배려심이 깊어서 분업과 협업이 매순간 잘 이루어졌다.

운전, 숙소와 레스토랑 예약 및 핫스폿 찾아가기 등 차질 없는 진행으로 시간 또한 절약할 수 있었다. 아마추어 참가자들이 만들어 가는 여행임에도 프로 여행사의 진행 못지않게 불편한 점 없이 알찬 여정이었고 서로에게 감사하고 즐거운 여행이었다.

영화 〈사운드 오브 뮤직〉의 배경이자 모차르트의 출생지인 잘츠부르크의 페스티벌은 세계 제일의 음악 축제로 인정받는다. 빈 필하모닉 오케스트라와 이곳 출신의 카라얀이 축제의 명성을 이끌었다.

체코 프라하에는 작곡가 스메타나의 서거일인 5월 12일부터 약 3주간 〈프라하의 봄〉으로 불리는 음악 축제가 열린다. 이에 반해 헝가리 부다페스트는 1981년부터 매년 4월에 약 3주간 클래식, 연극 무용 등 부다페스트 봄 페스티벌을 개최한다.

이렇듯 이번 여정은 봄을 노래하는 아름다운 클래식 감상의 여정이기도 했다. 그러나 그중 가장 아름다운 선율을 들려준 것은 우리의 여행 그 자체였다. 본·지점 근무자가 함께함으로써 서로에 대한 이해를 높이고 스스로 조율하며 서로가 무음의 악기가 되어 멋진 하모니를 이룬 아름답고 멋진 교향곡이었다.

자율과 협업, 감동이 함께한 경험은 개인적으로는 소중한 추억으로, 회사에는 무형의 자산으로 남을 것이라 믿는다.

동유럽을 렌터카로 여행하면서 우리나라와는 사뭇 다른 교통 문화도 경험했다. 유럽 연합국 간에는 국경의 개념이 우리나라 시와 도 경계를 넘나드는 것처럼 아무런 점검이나 확인 절차가 필요하지 않았다. 또 3국 모두 고속도로에 과속 방지용 속도 측정기가 매우 드물었다. 차량의 운행 속도도 시속 140~150km를 넘나드는 고속 주행이 일상적이었다. 추월선과 주행선의 기능 구분을 운전자들이 잘 지켰다.

뿐만 아니라 고속도로 진출입 시 톨게이트도 없다. 미리 비넷이라는 통행권을 사서 차 전면에 부착하고 다니면 되고 만약 비넷 없이 다니다가 발각되면 높은 벌금이 부과된다고 했다.

버스 등 대중교통도 마찬가지다. 무임승차가 가능하지만 발각 시에는 높은 벌금을 각오해야 하는 것이 동유럽 교통 문화다.

헝가리는 우리와 마찬가지로 고속도로변에 휴게소나 판매 시설이 있지만 오스트리아는 고속도로에서 중간중간 나타나는 소도시로 빠져나가야 주유소나 판매 시설을 만날 수 있고, 주유 후에 다시 고속도로로 재진입해야 했다. 우리말로 안내하는 내비

여행에서 만난 경영지혜

게이선을 준비해 갔지만 시원찮았다. 구글맵을 한국어로 설정해 쓰니 만사형통이었다.

결실, 아름다운 마무리

1. 회상, 직장 생활

나는 학부에서 정치학을 전공했다. 정치학은 조직 간이나 조직 내외의 다양한 갈등 현상을 파악하고 관리하는 학문이다. 오늘날 기업 활동에서 파생되는 다양한 갈등을 고려할 때 정치학도 기업 경영에 연관 있는 학문으로 볼 수 있다.

그러나 우리가 졸업할 당시에는 대부분의 기업이 문과 출신자에게는 경영, 경제, 법학, 행정학을 전공 시험과목으로 인정했다. 취업에 대비하여 경제학 과목을 선택하여 필기시험에 임했던 기억이 난다. 채용의 전형적인 형태는 영어, 전공(택일), 상식의 필기시험이 1차 관문이었고, 2차 실무자 면접 및 3차 임원면접으로 이어졌다.

대한항공, 한진해운, MBC 기자직, 은행 등 여러 회사의 필기시험에 붙었으나 최종 면접까지 통과한 곳은 J 은행과 지금은 없어진 한진해운이었다. 입사 한 뒤 1년이 지날 때까지도 기자직에 대한 미련을 못 버리고 있었는데 결국 마지막까지 나를 품어 준 회사는 은행이었다.

그때부터 퇴직하는 날까지 한눈팔지 않고 회사 일에 몰두했고 회사는 나를 실망시키지 않았다. 노력한 대가 또한 늘 따랐으니 나와 합이 잘 맞았던 셈이다. K 사를 떠나기 전 모 언론사와 진행했던 인터뷰의 마지막 질문과 대답이 떠올랐다. 고객 지향 상품 출시 등으로 업계 수위로 안착한 실적의 저변에는 직원들과의 격의 없는 소통이 자리하고 있다는 기자의 덕담은 남은 바람이 있다면 무엇이냐는 마지막 질문으로 이어졌다.

후배들에게 '최 선배, 참 괜찮은 CEO였다'는 평을 듣고 싶다고 했었다. 이젠 잊혀가는 선배로 기억하겠지만 그동안 따뜻한 후배들의 인사와 성원들이 늘 내 인생의 에너지로 돌아왔고 큰 위안이 되었다.

은행원으로 살면서 서울 본사로 전입 시에는 나름의 큰 홍역을 치르기도 했다. 4급 승격 동기 중에서 3급 과장을 제일 먼저 달았지만 영업 여건이 좋은 창원 지점을 마다하고 사고 점포였던 김해 지점 전입을 희망했다.

관할 지역 내의 이동은 지역 본부장 소관이었고 지역 본부 근무자는 가고 싶은 점포를 골라갈 수 있던 시절이었다. 김해공단 지역을 섭외 중에 본사 인사부에서 서울 본사 근무 의향을 묻는 전화를 받았다. 아내가 교편을 잡고 있던 때라 의논이 필요했지만 아내를 설득하기로 하고 서울 근무가 가능하다고 회신했다.

종합기획부 자회사관리 담당과장으로 발령이 났다. 종합기획부는 경영 개선실을 거느리고 있었는데 당시 3급 과장_{지금의}팀장 한 사람이 경영 개선실 업무 개선 담당으로 동시에 발령이 났다.

종합기획부에서는 3급 승격이 나보다 더 빨랐던 사람이 있었는데 정식과장 보임을 못 받고 있었다. 과장 보임을 받아 가니까 종합기획부 3급이 김해 지점 3급보다 홀대를 받았다는 분위기가 팽배했다.

약 3일 동안 업무 인수를 받지 못한 채 대기했고 종합 기획부장이 이런 저간의 정서를 반영하여 경영 개선실 보임 예정 전입자와 보직을 바꿔도 되겠냐고 했다.

큰집과 작은집의 자존심 문제 말고는 경영 개선실 근무가 나쁠 것도 없다. 또 본사에 근무하던 입행동기 중 3급에 같이 승격한 몇몇 동기 모두가 대리 직무를 수행 중이었는데 나 혼자 먼저 본부 과장직을 수행하면서 보직까지 따질 처지는 아니었다.

혼쾌하게 수용하니 오히려 부장이 고맙게 생각했다. 자회사 경영관리과장은 직함의 화려함 뒤에 은행 임원 출신 사장님들의 요구조건들이 많을뿐더러 자칫 서운한 감정을 갖게 하는 자리다.

경영 개선실은 전국 부점장 업적 평가와 업무 프로세스 개선을 처리하는 두 개의 팀이 있었다. 이곳에도 3급 승격은 동시에 되었지만 본부 과장(팀장)의 보직을 맡지 못한 동기가 있었고 종합기획부의 배타적 정서가 그대로 이어지고 있었다.

실 단위 조직에서는 부 단위 조직과 달리 팀제가 도입되었지만 사무실 책상 배열 등 실제 운용은 부단위 계선系線형태 조직 수직적 명령 하달 조직으로 움직였다.

업무 인수를 받고난 며칠 뒤 실장이 찾았다. 팀제의 도입 배경과 운용 실태를 얘기하더니 기존의 계선형 책상 배열을 팀제에 부합하게 팀원 책상과 붙여 배치하고 실질적인 팀제로 운영해 보라고 했다.

순간 이곳에도 빠른 승격으로 굴러온 돌이 박힌 돌 누르는 모습에 반 정서가 강하게 작용함을 느꼈다. 일단 실장의 요구에 알겠다는 의중만 비치고 방을 나왔다.

옆 팀의 팀장은 물론 나보다 선임이었고 파악해보니 그 팀은 지금까지 운용해 온 계선형태를 유지한다고 했다. 잘못 처신하면 애매한 포지서닝으로 조직 적응과 팀장의 리더십을 발휘하기 힘든 구조로 가고 있음을 직감했다.

다음날 조용하면서도 단호한 어조로 실장과 면담을 이어갔다. 팀제의 장점을 살리고자 계선형 책상 배열을 없애고 팀원들과 라운드형 책상 배열로 바꾸는 것은 전적으로 동의하고 따르겠다. 그러나 팀장이 두 명밖에 없는 작은 조직에서 한 팀은 계속 계선형 배열을 고수한다면 사람에 따른 책상 재배열일 뿐이다. 따라서 옆 팀도 팀제에 부합하는 라운드형 책상 배열로 바꿀 것을 요구했고 아니면 나도 계선형 책상 배열을 바꿀 이유가 없음을 주장했다.

당혹해하는 실장의 눈빛을 뒤로하고 방을 나왔다. 그날 오후에 실장은 책상 재배치 건은 결국 없던 일로 하자고 했다.

시골 은행원의 서울 본사 입성에 호락하지 않은 통과 의례가 있었던 것이고, 유연하고 정연한 대응으로 팀장의 리더십을 지킬 수 있었다. 이런 과정을 겪은 뒤부터 사무실의 부하나 동료 심지어 상사들까지도 서로 존중하는 소통을 이어갈 수 있었다.

첫 직장이자 평생직장이었던 K 사를 떠난 직후 약 2년 동안 오지와 선진국을 번갈아 가면서 바람처럼 구름처럼 여행자로 살았다. 노는데 이골이 날 무렵 언론사를 경영하는 선배의 권유

여행에서 만난 경영지혜

로 약 2년 가까이 언론사 경영을 경험했다. 연이어 금융사들의 연체채권을 관리하는 신용정보사 대표를 맡은 지도 벌써 만 4년이 흘렀다.

작년 이맘때쯤 친한 친구 셋과 나의 정년이 끝나는 2021년 9월 말경 미 대륙 횡단 여행을 나서기로 약속했었다. 그냥 취중에 한 부질없는 약속은 아니었다. 여행사 도움 없이 자유여행을 다닐 수 있는 기간도 얼마 남지 않은 우리 나이가 쉽게 공감을 이루었다.

미국에 이민 간 친구는 벌써 오래전에 하던 일을 직원들에게 넘기고 세계 각국을 여행 중이다. 힘든 결단을 내렸기에 후반부 인생은 좋아하는 취미를 벗 삼아 산다.

또 다른 친구는 IT 소프트웨어 개발 회사를 창업해서 운영하는 소유 경영자이면서 교육 사업에도 헌신 중이다. 내가 직장 은퇴 이후에 가벼운 일과 여행을 병행하면서 블로그나 밴드 등으로 취미 활동을 이어가는 것을 보고 자신의 삶을 뒤돌아보는 계기가 되었다고 했다.

또 한 명의 친구는 공직에서 벗어나 대기업 계열사 CEO를 역임하고 지금도 정부 기관에 근무 중이다. 모두 내가 운영 중인 여행 동호회 '지구별 여행 조합'에 가입하여 활동에 적극적이다. 인생의 남은 시간을 'Work and Life balance'에 착안하여 살자고 도원결의가 아닌 주점 결의를 했던 사이다.

우리 회사는 대표이사 임기는 2년이다. 1회 재임되어 4년 임기를 3개월 앞둔 2021년 6월 중순에 대주주와 만나 퇴임의 뜻을 밝혔다. 만 4년의 경영에서 회사의 취약한 부분을 개선하고 매출 규모나 수익성을 획기적으로 개선했다. 이제 영속 기업으로서의 체질을 어느 정도 갖추었다는 믿음이 생겼다.

지금 단계에서 회사가 한 단계 더 도약하려면 필요한 경영자의 자질이 무엇일까? 그리고 계획을 열정적으로 추진할 만큼 내 안의 에너지가 또한 충만한가? 자문해 보았다. 역량도 열정도 아직은 이 회사를 더 키울 수 있다. 이런 판단에도 불구하고 기업 경영자로서의 삶보다 더 소중한 가치, 즉 나와 내 가족이 함께할 수 있는 시간을 더 많이 만들어야겠다는 확신이 들었다.

코로나 시즌에 여행도 불가한데 내가 퇴임의 뜻을 굳이 밝힌 또 하나의 이유는 아내의 간곡한 권유도 작용했다. 아내는 오랜 꿈인 전원생활도 해 보고, 또 함께 여행도 다니면서 일에서 해방된 삶을 살기를 원했다. 그리고 무엇보다 자리를 지키려고 금융계 후배들에게 부담되는 부탁은 이젠 그만둘 때가 되었다는 생각과 어려운 사람들에게 스트레스를 주는 일의 속성을 아내는 늘 부담스러워했다.

아내의 현명한 생각에 나도 수긍했다. 그래서 작년부터 연임의 기회가 주어지더라도 사양하겠다고 아내와 약속했고 자녀들에게도 공표한 바 있다. 더구나 친구 셋과 약 한 달 일정으로 미국 횡단 여행 계획까지 잡았으니 후임자 물색을 대주주에게 건의했다.

그동안 대주주의 전폭적인 신뢰와 지지 덕분에 회사가 큰 성장을 이룰 수 있었음은 두말할 나위가 없다. 생각하지 못한 나의 제안에 어디 다른 직장으로 갈 계획이냐? 고 되물었다. 내 나이와 앞으로의 삶의 방향 그리고 아내의 생각 등이 겹쳐서 얻은 결론이라고 했다.

2. 팬데믹, 그 이후

딱히 후임자를 찾지 못한 채 3개월이 지나고 임기를 코앞에 두게 되었다. 팬데믹이 지속되자 유튜브에 올라온 지리산과 남해안의 전원주택을 수없이 들락거렸다. 마음 둘만한 집을 찾자니 방랑자적 기질이 진행을 멈칫거리게 했다.

아내는 백신 접종을 완료했으니 외국이나 시골에서 여유로운 삶을 살아보자고 했다. 외국도 변이형 바이러스의 기승으로 현지 여행에 제약이 따를 수밖에 없고 섣불리 나설 형편도 아니었다.

마지막 열정으로 주주와 우리 직원들에게 회사의 미래를 걱정하지 않을 만큼 좋은 회사로 만들어 놓고 싶었고, 어느 정도 의도한 바를 이루었다. 이젠 인생의 후반부로 접어드는 나이다. 남은 인생은 살아온 삶에 대한 자기 보상의 시간과 함께 감사한 마음으로 부모님의 뜻을 기리며 주변과 더불어 사는 삶을 살고 싶다. 어릴 때 아버지는 그 해 추수하여 정성껏 도정한 햅쌀을 지게에 짊어지고 강 건너 십 리 밖 청곡사까지 공양을 다니셨다.

어머님은 한겨울에도 찬물에 몸을 닦으시고 부처님을 뵈러 먼 길 마다하지 않고 다니셨다. 정성스러운 공양과 지극한 기도를 통해 소원 성취의 보람도 있었겠지만 그보다 맑은 정신과 생활상으로 이미 자식들에게 삶의 모범적 방향을 제시한 것이 아닐까? 라는 생각이 든다. 부모님 덕분에 당신들은 못 누린 삶의 호사를 누리고 사니까 늘 감사하고 미안한 마음이 진한 그리움으로 남는다.

'未覺池塘 春草夢, 階前梧葉 已秋聲미각지당 춘초몽, 계전오엽이추성; 연못가의 봄풀은 꿈에서 깨어나지 못했는데, 섬돌 앞 오동나무 잎은 가을 소리를 내누

나.' 세월의 빠름을 이보다 더 잘 표현한 글이 있을까? 학문뜻하
는 일은 이루기 힘든 것인바 삶의 매 순간을 가벼이 여기지 말라
는『명심보감』「권학편」의 글이다. 먼 산 바라보니 가을 소리 내
는 오동잎 사이로 백설이 분분히 휘날리는 겨울이 연상된다.

우리의 삶도 사계의 순환을 닮았다. 봄기운에 태어나 여름의
왕성한 기운을 받아 여물고 가을같이 원숙한 한 시기를 보내고
나면 낙목한천에 생을 마감하는 것이다.

주변의 지인들은 은퇴 후에 쉬어봐야 마땅히 할 일도 없거니
와 삶의 보람을 찾기도 어렵다고 한다. 그래서 가능하면 다닐
수 있을 때까지 직장을 다니라고 권고한다. 한국의 은퇴 현실을
생각하며 남은 인생을 설계하라는 충고일 것이다.

자신과 아내와 가족에게 인색했던 삶 그리고 자신의 내면보
다 지나치게 남을 의식하며 살아온 삶을 뒤돌아보게 된다. 누가
뭐래도 60대 후반부의 내 삶은 내 자유의지대로 살고 싶다.

회사의 경영이 안정을 되찾자 직원들이 마음의 여유를 가질
수 있음이 중요한 변화다. 작년까지는 변화와 혁신을 통한 기업
리셋에 전념했고, 또 신사업 도입 등 괄목할 성과도 있었다. 하
지만 2022년에 접어든 뒤 아직 이렇다고 할 성장 모멘텀을 찾지
못하고 있다. 회의 시간에 이런 고민의 일단을 거론하면 임직원
들의 마음속에도 알게 모르게 부담이 갈 것이다. 과욕에 사로잡

혀 무리수를 두면 결국 조직의 상처로 남게 된다.

그동안 회사의 여러 난제를 해결하고자 질풍노도처럼 달려왔다. 이제는 마음의 여유를 갖고 조직을 안정적으로 이끌며 우리 회사를 더 발전시킬 적임자를 발굴하고 육성해 나가야 할 때다.

누구든지 주주 가치를 높이고 직원 만족과 고객의 사랑을 받는 기업으로 키워갈 역량과 애사심이 있다면 지금의 우리 회사를 한 단계 더 성장시킬 수 있을 것이다.

대부분의 CEO가 크고 높은 곳을 바라보지만 작고 낮은 곳일수록 해야 할 일들이 더 많다는 사실을 이해해 주면 좋겠다. 척박한 오지에서도 인간의 삶이 면면히 이어지고 있듯이 그늘진 경영 환경에서도 살아남으려는 기업의 활동은 한시도 멈추지 않고 있다. 대기업에서 잘 다듬어진 경영 기량을 가진 경영자가 베풀고 나눈다는 생각으로 중소기업 경영에 더 관심을 가져주면 좋겠다.

역량 있는 CEO의 경험과 열정으로 중소기업이 성장한다면, 경영자로서의 사명을 넘어 사회에 이바지하는 길이 아닐까 생각한다.

CEO 착안 사항

아래는 CEO로 부임한 후 강소기업으로 거듭나기 위한 나만의 '강점 경영' 방법과 그 성과를 그래프로 만들어 독자가 한눈에 보기 좋게 요약한 내용이다. 이는 나의 경험과 열정의 결과이기도 하지만, 세계 오지를 다니며 깨달은 통찰이 있었기에 실행으로 옮겨질 수 있었다고 믿는다.

본문에서 이미 밝힌 내용들이지만 회사를 경영하며 착안해야 할 사항을 누구나 쉽게 활용할 수 있도록 다시 한번 정리한다.

1. 조직 진단
- 사무 환경의 적정성과 이전 검토
- 임직원 간 소통과 협업 역량 제고
- 직원 사기 조사 및 진작책 강구
- 경영이념과 비전 설정, 전략 일치성 강화

2. 재무, 회계 부문

- 재무 성과 지표 관리 강화(회사 현황 직시)
- 사업부 및 상품별 관리회계상 손익 관리
- 신사업(상품) 도입 시 타당성 검토 강화
- 판매 관리비 및 여유 자금의 효율적 집행
- 신용평가 등급 제고로 이미지 강화
- 제일 큰 고민거리(투자: 이전, 전산 개발, 증원)

3. 인사 및 인력 개발 부문

- 임직원의 인력세 파악 및 조정
- 보상 구조 파악 및 정상화
- 직원 육성(리더십, 직무) 과정 설계
- 공채사원 채용

4. IT 시스템 보완

- 시스템 개발 및 활용도 제고
- 최소 개발 및 운용 인력 확보
- 현업 부서와의 협업·소통 강화

여행에서 만난 경영지혜

5. 영업 강화로 성장 도모

- 신사업 발굴로 수익원 다변화
- 신규 거래처 확장 노력 강화
- 기존 거래처 관리 강화
- 영업 채널별 영업이익 목표 관리 강화
- 우수 영업사례 공유로 전사 역량 강화

6. 내부 통제 부문

- 인력 충원 및 시스템적 상호 견제 기능 부활
- 정도 영업 및 투명 경영으로 윤리 의식 함양
- 사고 직원에 대한 엄격한 관리
- 회계 투명성 확보, 운영 리스크 관리 강화

강점 경영 결과로 성장한 회사

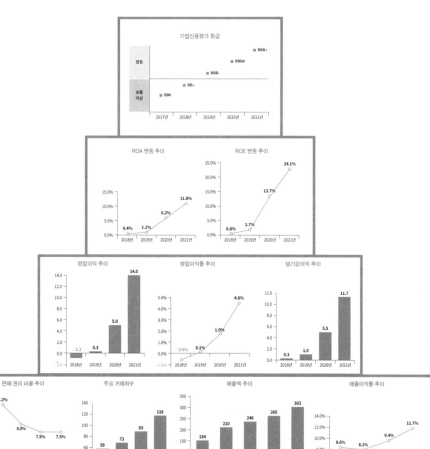

여행에서 만난 경영지혜

야무진 강소기업으로 가는 길

여행에서 만난 경영지혜

초판 1쇄 발행 2022년 9월 16일
초판 2쇄 발행 2022년 9월 18일

지은이   최기의
발행처   예미
발행인   황부현
기획   박진희
편집   최윤도
디자인   김민정

출판등록   2018년 5월 10일(제2018-000084호)

주소   경기도 고양시 일산서구 중앙로 1568 하성프라자 601호
전화   031)917-7279   **팩스** 031)918-3088
전자우편   yemmibooks@naver.com

ISBN 979-11-89877-92-7 03320